어른의 공부

어른의 공부
다 큰 어른을 위한 고전 읽기

곽아람

〈어른의 공부〉 구성원 함께 씀

중림
서재

서문
어른의 공부

책읽기는 철저히 혼자만의 일이라 생각했던 내가 '함께 읽기'의 즐거움과 의미를 깨닫게 된 건 대학교 3학년 때 '독일명작의 이해'라는 교양수업을 들으면서였다. 수강 신청을 하려면 치열한 경쟁이 필요할 정도로 인기 있었던 그 강좌는 다른 수업과는 방식이 달랐다. 선생님은 일방적으로 가르치지 않았다. 매 수업 시간 함께 읽을 작가만 정해주셨다. 헤르만 헤세, 토마스 만, 하인리히 하이네, 프리드리히 실러. 어떤 작품을 택하든 수강생의 자유였다. 매 시간 읽은 작품에 대해 자유로운 글을 써 냈고, 같은 작품을 읽은 학생들끼리 모여 앉아 서로의 글을 읽으며 토론했다. 학기말엔 수업시간에 자신이 쓴 글, 다른 사람들이 쓴 글 등을 자유롭게 엮어서 자신만의 책을 엮어 제출했다. 그 수업에서 나는 내 인생의 첫 책을 썼다. 메디치미디어로부터 '중림서재' 모임장이 되어달라는 제안을 받았을 때, '독일명작의 이해' 수업을 떠올렸다. 그 때 함께 읽고 쓴 경험을 되살려보고 싶다는 생각이 들었고, 당시 느꼈던 보람을 다른 사람들과 공유하고 싶다는 생각이 들었다. 선뜻 제안을 받아들인 건 그 때문이다.

김보람, 김태호, 박서희, 배승연, 봄정환, 주영실. 성별도, 나이도, 직업도 다양한 다섯 사람과 나는 2023년 1~3월, 총 네 번 만났다. 한 번은 책읽기를 위한 사전 준비모임이었고, 나머지 세 번의 모임에서는 본격적으로 책을 읽었다. 우리가 함께 읽은 책은 헤르만 헤세의 《데미안》, 미시마 유키오의 《금각사》, 스콧 F. 피츠제럴드의 《위대한 개츠비》였다. 이 세 권을 함께 읽을 책으로 정한 것은 시간을 이기고 살아남은 이야기, 즉 '고전'을 함께 읽고 싶었고, 그 중 이 세 권이 〈어른의 공부〉라는 주제에 걸맞다 생각했기 때문이다. 《데미안》에서는 자아의 성장을 통해 과거와 현재, 미래를 돌아보고, 《금각사》에서는 아름다움을 고찰하며, 《위대한 개츠비》에서는 사랑을 숙고할 수 있으리라 생각했다.

매 모임 전에 책을 미리 읽고 무엇이 되었든, 분량과 상관없이 책에 대한 글을 써서 다른 사람들과 공유할 수 있게 해 달라고 모임원들에게 부탁드렸다. 말은 내뱉은 후 흩어지기 쉽지만, 글은 쓰고 나면 지우기 쉽지 않으니, 말하는 게 아니라 글을 쓴다 생각하고 모임에 임하면 자신의 생각을 좀 더 조리 있게 정리하고, 그것이 나중에 모임의 결과물을 책으로 정리하는 일에도 도움이 되리라 믿었다. 자신의 삶과 책 내용을 밀접하게 결부시킬 때 풍부한 독서체험이 이루어지리라 믿었기에 글의 주제는 '나와 데미안', 혹은 '데미안과 나'처럼 '나'와 책 제목을 결합시키는 것으로 했다. 자유롭게 읽고 쓰고 토론하도록 했지만, 공동의 작업이 하나로 수렴하는 길잡이가 있어야 하겠기에 각 책을 읽을 때마다 키워드를 제시했다. 《데미안》은 '나', '너', '전쟁', 《금각사》는 '아름다움'과 '민족주의', 《위대한 개츠비》는 '오래 가슴에 남은 사랑'과 '재즈시대'로 했다.

온 세상이 얼어 있던 1월에 시작했던 우리의 모임은 봄기운 완연한 3월에 끝이 났다. 회의실 창 밖으로 보이던 약현성당 풍경도 계절이 지남에 따라 바뀌었다. 사람들이 주말 단잠을 즐기는 토요일 아침, 중림동 메디치미디어 사옥으로 향하는 택시 안에서 모임원들의 글을 읽어보던 기억이 생생하다. 그들 각각의 찬란한 세계, 같은 책을 읽었을 때의 공통점과 차이점, 반짝이는 아이디어와 깊은 사유에 매번 감탄하곤 했다. 우리는 각자의 인생을 살다 처음 만난 사람이었지만 같은 책을 읽는다는 것만으로 금세 서로에 대한 벽을 허물고 친구가 되었다. 기꺼이 서로의 글을 읽고 말을 경청하며 생각과 감정을 나누었다. 그 과정을 겪으며 모두의 세계가 조금씩 넓어졌으리라 믿는다.

이제 그 대화와 토론, 글쓰기의 결과물이 한 권의 책으로 엮여 세상을 만난다. 그동안 나눈 대화를 바탕으로 글을 새로 쓸 것인지, 아니면 대화의 내용을 그대로 보여줄 것인지를 놓고 고심했는데 그 어느 곳에도 없는 '우리 모두'의 이야기라는 점이 중요하다고 생각해 대화록을 정리하고 다듬어 책의 꼴을 갖추기로 했다. 대부분의 모임원들에게 첫 책이 될 것이기에 각자의 개성, 생생한 목소리가 도드라지며, 혹은 어울리며 담겨 있길 바랐다. 이 책이 우리 모두의 삶에 즐거운 책읽기의 기록으로 남길, 그리고 독자들에게는 누군가의 책읽기를 넘어서 '나의 책읽기'로 와닿을 수 있길 기원한다.

2024년 1월
저자 김보람, 김태호, 박서희, 배승연, 봄정환, 주영실을 대표해 모임장 곽아람

일러두기

· 본문에 실린 모임은 2023년 1월부터 3월까지 진행되었습니다.
· 본문 중 책 제목은 《 》로, 논문과 잡지명, 영화와 드라마, TV 프로그램
  제목은 〈 〉로 표시했습니다.

1장

데미안과 나

어른이 되어서 다시 읽는 《데미안》. 이 책은 마치 '청춘의 표상'처럼 여겨져 한국 중고생들의 필독서로 꼽히는 책이다. 자아를 찾아가는 움직임, 유혹과 기존 질서에 대한 반발 등 데미안에는 청춘의 성장과 관련된 많은 질문들이 담겨 있지만, 이 모든 질문은 향하는 하나의 문장은 '우리는 도대체 누구인가?'일 것이다.

헤르만 카를 헤세

헤르만 카를 헤세(1877년~1962년)는 독일계 스위스인이며, 시인, 소설가, 화가이다. 1877년 독일 남부 시인의 고장 슈바벤 주의 뷔르템베르크 소재 소도시 칼프에서 개신교 선교사이던 아버지와 어머니 사이의 장남으로 태어났다. 1899년 첫 시집《낭만의 노래》,《한 밤중의 한시간》을 발간했으며, 1904년《페터 카멘친트》를 통해 독일어권에서 일약 유명 작가가 된다. 제1차 세계대전 당시 반전주의적인 태도로 극우파들의 애국주의에 반대했다가 독일에서 매국노라는 비난을 받기도 했고, 제2차 세계 대전 때에는 헤르만 헤세의 작품은 인쇄에 필요한 종이가 배당되지 않게 한 나치의 탄압을 받았다. 1946년《유리알 유희》로 노벨 문학상을 받았다.

데미안

초판 표지

1차 대전 이후인 1919년 헤르만 헤세가 '에밀 싱클레어' 라는 가명으로 발표한 작품이다. 소설 '데미안'의 부제는 '에밀 싱클레어의 젊은 시절 이야기'였다. 한국에는 1955년 '영웅출판사'에서 김요섭에 의해 처음 번역되어 들어왔는데, 당시 제목은 '데미안'이 아닌 '젊은날의 고뇌'였다. 이후 1966년 한국의 '문예출판사'에서 '데미안'이 라는 제목으로 단행본을 출판하였다.

우리는 왜 책을 읽는가?

<u>곽아람</u> 안녕하세요. 이렇게 늦은 시간에 와주셔서 정말 감사드립니다. 저는 이번에 중림서재 〈어른의 공부〉 모임장을 맡게 된 곽아람입니다. 사실 이 모임을 대체 누가 하실까 생각이 들었는데, 이렇게 또 참여를 많이 해주셔서 감사드려요. 모임 전에 좋아하는 책 세 권을 남겨달라고 부탁드렸는데요. 처음 만났으니까 서로 자기소개하면서 적으신 책에 관해서 잠깐 얘기하는 시간을 가질까요? 옆에 계신 보람 님부터.

<u>김보람</u> 반갑습니다. 김보람이라고 하고요. 사람 되게 좋아하고, 지역이랑 커뮤니티에 관심이 많아서 그 분야를 연구하고 있고, 지금 공공인재학부 교수로 재직하고 있습니다. 외부 활동을 많이 하는 편이라 세상에서 배우고, 모든 사람을 스승으로 삼으면서 다니는 액티비스트 리서처입니다.

<u>곽아람</u> 보람 님은 공부하는 게 직업이신 거잖아요? 왜 이 모임에 참석하셨나요?

<u>김보람</u> 일단 〈어른의 공부〉라는 타이틀이 너무 매력적이었어요. 또 이런 주제의 모임에 어떤 분들이 올까 궁금하기도 했고, 좋은 분들을 만날 수 있을 거라는 기대

와 설렘도 있었습니다. 제가 학부는 평생 교육을 했어요. 그래서 학교 밖에서 하는 성인들의 교육이나 배움 이런 거에도 관심이 많았어요. 지금도 그렇지만 공부는 학교에서만 하는 게 아니라 일상에서 늘 하는 거라고 생각하거든요.

<u>곽아람</u> 작성하신 좋아하는 책 세 권도 소개해주실 수 있을까요?

<u>김보람</u> 첫 번째는 자크 랑시에르라는 철학자의 《무지한 스승》이라는 책이에요. 소크라테스가 "너 자신을 알라." 라는 말로, 네가 모른다는 걸 알라는 메시지를 얘기했잖아요. 근데 랑시에르가 책을 통해서 던지는 메시지는 "네가 모든 것을 알고 있다는 것을 알라."라는 것입니다. 책 안에 등장하는 조제프 자코토라는 스승이 제자에게 전달하는 메시지죠. 즉, 네 안에는 모든 것들이 이미 다 들어 있고, '너'는 그런 가능성과 잠재력을 가지고 있는 존재라는 것을 인식하고 깨닫는 것이 중요하며, 그로써 스승과 제자는 지적으로 평등하다는 거죠. 물론 그런 지적 평등은 우리가 배우고 공부하는 것의 목표나 목적이 아니라 출발선입니다. 우리 모두가 지적으로 평등하다는 게 출발선이고, 책에서 언어를 모르는 선생님이 아이들에게 언어를 가르치는 내용이 나오는데, 요는 몰라도 가르칠 수 있고, 또 몰라도 스스로 배울 수 있고, 가르치

지 않는 선생에게 제자는 인사이트를 받을 수 있다는 내용입니다.

두 번째 책은 《단편적인 것의 사회학》이라는 책인데, 노숙자라든지, 성소수자라든지, 그러한 사회적 약자들에 대한 시선이 담긴 책입니다. 보통 사회학이면 통계 같은 양적 연구를 통해서 결론을 도출하는 책들이나 연구가 많은데, 이 책에선 사람들의 이야기 즉 구술을 통해서 문제를 인식하는 따뜻한 시선들이 있어요. 제가 일본에서 10년 정도 살았는데, 일본에 있을 때 시부야 대학이라는 비영리 단체에서 휴먼 라이브러리라는 운동을 했거든요. 근데 이게 성소수자, 노숙자 등의 분들과 세네명이서 다양한 주제로 모임을 하는 건데요. 대형 대중 강연이 아닌 소규모 모임을 진행하는 이유는, 누군가 얘기를 하고 "훌륭하네.", "이렇게 저렇게 해서 잘 극복했네."라고 박수치고 끝나는 것이 아니라, 이 모임은 그냥 그 사람과 친구가 되는 과정이거든요. 그래서 이 사람을 '성소수자'나 '노숙자' 이런 집단으로 보는 게 아니라, 인간 대 인간으로 보는 과정입니다. 그래서 이런 활동과 맞물려서 읽혀서, 《단편적인 것의 사회학》이란 책을 좋아하고요.

마지막으로는 한나 아렌트의 《인간의 조건》입니다. 악의 평범성에 관해서도 다시 생각해보는 계기가 되었지만, 그냥 사람이 왜 사는지, 그리고 단순히 생명을 이어가는 거 이외에 인간으로서 살아간다는 게 어떤 것인지에 대해서 좀 깊이 생각해볼 수 있는 책이라고 생각해요.

<u>봄정환</u> 안녕하세요, 봄정환입니다. 저는 우선 대중음악 노랫말 쓰는 일을 좀 했습니다. 꽤 오래전, 스무 살부터요. 지나치게 상업적인 곳 근처에 일찍부터 있다 보니 지저분한 것도 좀 보고 덕분에 이런저런 배움으로 사회생활을 시작했습니다. 근데 작사가나 이런 건 외형적인 위장술의 일환이었고, 실제 제 20대는 책과 영화였습니다. 이런 말 되게 오랜만에 하는데, 저는 니체주의자였습니다. 철학자 니체를 굉장히 뜨겁게 끌어안았고 필름 메이커를 꿈꿨죠. 영화 한 번 해보겠다고 시나리오 붙들다가 서른 중반이 다 돼서야 알았습니다. 제가 봉준호나 박찬욱이 될 수 없겠단 걸요. 그러다가 운이 좋게 어릴 때부터 가깝던 선배가 스타트업으로 광고 대행사를 하는데 창립멤버로 들어갔습니다. 신생회사로서는 드물게 대기업이랑 일하며 회사는 성장하는데 이상하게 저는 자꾸 소진되는 것 같더라고요. 그래서 나왔습니다. 그래도 몇 년 빠짝 커머셜마켓에서 자의식 죽인 덕에 현재는 전혀 다른 쪽, 부동산 투자 등 금융 관련 일을 보고 있습니다. 인생 삼천포죠. (웃음)

제가 여기 출판사 측에 제출했던 자기소개서에도 썼는데, 자신이 손가락질하던 손끝에 자신이 와 있음을 자각하는 순간 우리는 어른이 된다고 생각합니다. 어렸을 때 멋모르고 비판하던 그 자리에 제가 있게 될 때가 있

더라고요. 이걸 인정해야 어른인가? 가끔 묻곤 했는데, 마침 모임 이름이 〈어른의 공부〉라서 눈이 갔습니다. 무엇보다 '책에 관해 떠든 얘기로 책이 나온다?' 기획이 참 신선했어요. 업계에서 그리 오래되지 않은 편집자만이 할 수 있는 기획이라는 느낌이었거든요. 이 참신한 현장에 한 번 참여해 보고 싶었습니다. 사실 우리가 책 얘기를 할 때가 잘 없잖아요. 사람마다 차이는 있겠지만, 다들 생활인으로서 정신없이 사는데, 누가 갑자기 막 니체 얘기하고, 《데미안》 얘기하면, "너 약 안 먹니? 우리 교회 갈까?" 뭐 이런 말 들을 테니까 (웃음), 이렇게 판이 깔린 상황에서 책 얘길 할 수 있단 게 가슴이 뛰었어요. 거기에다 여기 곽아람 기자님께서 모임장을 맡아 진행하신다니 망설일 이유가 없었습니다. 모임장님이 쓰신 《공부의 위로》 읽고 제가 약간 울었거든요. 반가워서요. 저는 사실 제도권 교육을 성실히 받은 사람은 아닙니다. 대학을 나오지도 않았고, 졸업장은 고등학교까지 있지만, 학창 시절을 주로 교문 밖에서 보냈어요. 근데 또 책을 좋아하다 보니 커서는 희한하게 학문을 오래 한 사람들과 섞일 일이 많았어요. 가끔 들어보면, 하나같이들 대학에서는 배울 게 없대요. 뭐지? 그럼 왜 다녔어? 오히려 저는 그런 삶을 살지 않은 입장이라 시스템에 대한 필요를 느낄 때가 있었거든요. 대학에 대한 미련 같은 게 아니라 스스로 어떤 시스템 안에 속해서 작동된 경험이 결여되었단 걸 자연스레 알게 된 거죠. 여러 시행착

오를 겪고서요. 정해진 기간 안에 정해진 과정을 완수하는 이 중요한 방식을 내가 체득하지 못했단 걸 절감했어요. 그래서 어떤 틀 안에서 공부하신 분들을 예전과는 좀 다르게 보게 됐는데, 모임장님 책 서문에 그런 말이 있더라고요. 왜 대학에서 공부했단 얘기는 아무도 하지 않냐고, 대학에서 배울 거 없단 말에 쿨해 보이려고 동의하는 척했지만, 그 백몇십 학점을 들으려고 정말 열심히 했던 그 시간이 허투루가 아니었다는 얘기요. 그니까 전, 누군가는 이렇게, 정직하게 좀 말해주길 바랐던 것 같아요. 저야 그렇게 살지 않았으니 입이 있어도 할 수 없지만 무려 서울대에서 내리 장학금 받으시고 과 수석으로 졸업하셨다는 분께서 해주시니 평소 생각에 힘이 실리고 괜히 반가웠던 거죠. 그래서 모임 진행하신다는 안내 보고는 '여기다!' 했습니다.

좋아하는 책 세 권은 일단 소설에만 국한했는데, 먼저 에밀 아자르, 로맹가리의 《자기 앞의 생》. 읽은 지 이십 년이 다 됐는데도 생생해요. 마지막 문장이 '사랑해야 한다'로 끝날 거예요. 이 한 문장을 위해 이렇게 장문이 필요했다는 생각에 전율했던 그 감각이 아직까지도 갈비뼈 사이에 있습니다. 두 번째 책은 밀란 쿤데라의 《농담》인데, 모든 책이 그렇지만 언제 만나냐도 중요하잖아요. 주인공과 제가 약간 비슷한 처지였던 때 읽어서 감정이입이 더 됐던 책입니다. 이데올로기의 시대, 공산주의 치하에서 여자친구한테 잘 보이려고 던진 말이 일

파만파 커지면서 한 사람의 인생이 어떻게 휘몰아쳐지는지, 또 이걸 전개해 가는 서술 방식 보면서 야유와 풍자는 이렇게 하는 거라는 것을 배웠던 것 같습니다.

마지막으로는 아고타 크리스토프의 《존재의 세 가지 거짓말》인데, 제가 이걸 20대 때 찜질방서 보려고 1권만 들고 갔다가 너무 빠져서 2권 넘어갈 때 바로 집으로 돌아왔어요. 그 정도로 경도되어 읽었어요. 요즘엔 한 권으로 묶여 나오던데 저는 세 권짜리 분권 된 걸 읽었거든요. 1권인가에 '정신 훈련'이라는 챕터에, 고아보다 못한 처지의 쌍둥이들끼리 세상으로부터 받을 상처와 모욕에 대비해 서로에게 마구 험한 말을 주고받으면서 미리 마음의 굳은살을 만드는 뭐 그런 장면이 있는데 저는 이게 강렬했어요. 독서는 결국 '나'를 투영하게 되잖아요. 저는 그 정신 훈련을 보면서, '자본주의하에서 가난 훈련을 한다'라는 생각을 했어요. 그때 책은 저한테 늘 훈련이었습니다. 여기서 가난이라는 건 거창한 게 아니라 지갑에 10만 원이 있다고 하면, 한꺼번에 다 쓰지 않는 것? 꼭 돈 아끼자는 게 아니라 어떤 결핍의 상황 속에 저를 넣어보는 거였어요. 여유가 되는 상황일 때 더. 저는 자기 힘을 다 쓰지 않는 사람들을 강자로 여겼거든요. 모르는 걸 아는 척하는 건 쉽지만, 아는 걸 모르는 척하는 건 어렵듯, 돈이든 뭐든 자기가 가진 걸 다 쓰는 사람들은 좀 나약하게 여겼던 것 같아요. 이런 식으로 저는, 이 문학적인 책을 이렇게 응용하고 제 현실에 대입해서 읽었습니다.

곽아람 오….

김보람 이렇게 길게 할 줄 알았으면 저도 좀 소개를 길게 할 걸…. (웃음)

곽아람 지금 생각보다 다들 분량확보에 욕심이 생기셔서 말씀이 되게 좋네요. 책이 훈련이라는 말이 좋아요. 이건 하나의 카피로 써도 좋을 것 같아요. 그다음에 승연 님 말씀해 주시죠.

배승연 네, 저는 현재는 고등학교에서 아이들을 가르치고 있는 교사고….

곽아람 과목은 뭐예요?

배승연 과목이 너무 부끄러운데… 과목을 말하는 순간 제가 가지고 있는 현재의 역량이… 아휴 국어입니다. 국어인데 책을 정말 안 읽는 국어교사. 책을 좋아했던 문학소녀였으나, 지금은 관심 분야가 전혀 달라진, 약간 타락한 문학소녀죠. 지금은 선교회 선교사이기도 한데, 죽기 10분 전에 하고 싶은 일이 진짜 하고 싶은 일이라는 선교의 가르침을 듣고 나서 원래 어릴 적부터 하고 싶었던 상담 심리를 지금 공부하고 이제 졸업을 앞둔 대학원생이에요. 그래서 아마 올해부터는 문법과 문학을 가르치는 일이 아닌, 상담 교사로 학교에서 아이들 심리 상담을 하는 일을 할 것 같아요. 그리고 제가 가지고 있는 최종의 꿈은 선교를 위한 피정 센터 같은 걸 만들고 싶어요. 물론 돈을 많이 벌어야 하는데⋯. 돈을 많이 벌어서 가톨릭 피정 센터를 만들고 싶습니다. 그리고 진짜 허황되긴 하지만 언젠가는 작사를 하고 싶은 꿈도 가지고 있어서, 하나씩 단계별로 꿈을 이뤄나가 보려고 합니다. 우선 상담 교사를 하고, 또 적응을 하면 언젠가는 작사를 해보겠다는 마음을 가지고 있어요.

봄정환 피정센터가 뭐죠?

배승연 예를 들면 교회라고 한다면 부흥회가 있잖아요. 성당에서는 고요한 곳으로 피해서 가는 일종의 뭐랄까?

곽아람 자기 수련하는 곳이죠.

배승연 근데 그런 자기 수련을 영성 심리학이랑 결합하는 거죠. 저는 친구들이 다 심리 치료나 상담 심리를 많이 공부하고 있는데, 음악치료, 독서치료, 문학치료, 그다음에 영성 상담 심리 치료. 이런 것들을 가톨릭 센터에 모아서 언젠가 큰 마을, 빌리지를 만드는 것이 꿈입니다.

곽아람 플럼 빌리지라고 벨기에의 수련 공동체가 있잖아요. 신앙 공동체. 그런 것 만들고 싶으신 건가요?

배승연 네, 완전 꿈이에요. 그리고 저는 이 모임에 함께하고 싶었던 이유를 솔직하게 말씀을 드리면 첫 번째는 언젠가는 책을 한번 써보고 싶은 욕심이 있는데, 제가 MBTI가 파워 P거든요. 계획대로 살아본 적이 없어요. MBTI를 무시하긴 하지만, 정말 계획형을 늘 꿈꾸며 늘 바리바리 짐도 싸고 계획도 세우는데, 저의 나태함과 게으름으로 불성실한 삶을 살게 돼요. 이런 데에 합류하면 강제성을 가지게 되니까, 어쨌든 책이 나온다는 것에 부푼 꿈을 가지고 지원을 하게 되었고요. 두 번째로 저는 모임장님을 처음 알게 된 게 책이 아니라, 몇 년 전에 '지경사' 책들을 검색하다가 모임장님 인스타에 들어가게 됐어요.

곽아람 그렇죠, 지경사라고 80년대에 소녀 소설 만들던….

배승연 80, 90년대에 소년 소녀 소설을 만들던 데였죠. 《외동딸 엘리자베스》나 《외동딸 엘리자베스의 꿈》처럼 남녀 기숙사가 나오는 소설들이죠.

곽아람　초등학생용이었어요.

배승연　맞아요. 초등학교 때 열심히 읽었어요. 그래서 그 소설들에 대한 추억들을 적은 그 글들이 재밌었어요. 계속 그 인스타 글을 정말 성실한 구독자로서 읽었는데, 글이 재밌기도 했지만 위로도 많이 받았죠. 그러면서 점점 곽아람 작가님을 제가 너무 사모하게 된 거예요. 저는 작가님을 되게 사랑스럽다고 말하고 있는데, 이 모임 보고 "이 사람과 함께 하고 싶다."라는 약간 덕질의 마음이 발동한 거죠. 덕질의 마지막 종착점으로서 이 모임을 함께하는 것이 나한테는 되게 중요하다, 또 곽아람 작가님을 나처럼 좋아하는 사람들이라면 어떤 사람들인지 궁금하다라는 마음에 신청하게 됐습니다.

봄정환　승연 님이랑 저랑 작가님 현수막 하나 걸어야겠어요. (웃음)

배승연　그렇죠. 그래서 그런 마음으로 신청을 하게 됐고요. 제가 좋아하는 책은 일단 첫 번째는 루시 몽고메리의 《빨간 머리 앤》입니다.

곽아람　저도 정말 좋아합니다.

배승연　저는 책에 나오는 앤 셜리가 곧 저라고 생각하면서 10, 20대를 보냈던 것 같아요. 앤 설리가 남들이 봤을 때는 좀 과한 측면들이 있잖아요. 근데 우리가 생각하는 멋지고 아름다운 사람들은 다 과함을 가지고 있는 것 같아요. 당장 제가 영순위로 삼고 있는 예수님도 인간의 죄를 속죄하려고 십자가에 못 박혀 죽었다는 거는 진짜 오버의 끝이라고 생각하거든요. 김대건 신부님이라든지 마더 테레사, 그들이 가지고 있었던 것은 모두 다 과했어요. 근데 그 과함이 제가 생각했을 때 그들이 가지고 있는 본질 중에 가장 아름다운 측면이라고 생각해요. 그래서 빨간 머리 앤 설리가 가지고 있는 그 수다스러움과 끓어오르는 열정들 그 모든 것들이 뭐랄까, 사람들에게 건네는 사랑의 가장 큰 표현이라고 생각을 했어요. 그래서 저도 앤 설리의 과함들을 다시금 애정하게 되었고, 저에게 가장 힘을 주는 책입니다. 두 번째는 초등학교 2학년 때 담임 선생님이 엄마한테 주셨던 책인데, 이해인 수녀님의 《두레박》이라는 책이었어요. 근데 그때 읽었을 때는 잘 이해가 안 갔고, 중학교 때 그 책을 읽으면서 한글 문학이 가지고 있는 아름다움, 시의 말 맛 그리고 인간이 가지고 있는 영혼의 아름다움에 진짜 깊이 매료되었던 것 같아요. 지금도 수녀님의 수필은 제가 가장 좋아하는 문학이에요. 마지막으로 세 번째 책은 돌아가신 헨리 나우웬 신부님의 영성 심리학 책인데요. 굉장히 섬세한 영혼을 가진 분이셨는데, 그분이 썼던 영적 일기가 저는 너무 좋았어요. 저도 어릴 적에 하느님 체험하기 전에는 약간 염세주의적인 책들을 많이 좋아했거든요. 발타자르 그라시안의 《세상을 보는 지혜》같은 책들도 엄청 열독하고 그랬는데, 성경 다음으로 그 책을 읽으면서 제가 가지고 있는 관계 안에서의 슬픔이나 서러움, 외로움들에 관해 깊이 위로와 힘을 받았고, 어떤 지혜를 얻어가게 되는 것 같았어요. 이상입니다.

곽아람   진짜 타락한 문학소녀란 캐릭터 너무 좋은 것 같아요. 끝까지 가지고 가시는 게 좋을 것 같아요.

배승연   네 그러려고요. 좋아하는 것만 좋아하려구요.

곽아람   제가 예전에 이준익 감독님을 인터뷰한 적이 있는데, 그때 감독님이 인터뷰 중에 하신 말씀이 사람들이 이준익 감독을 일컬어서 "뇌에 혀가 달렸다."라는 얘기를 한다고 그러더라고요. 근데 저는 방금 정환 님과 승연 님, 두 분 말씀을 들으니까, "이분들도 뇌에 혀가 달리셨구나."라는 생각이 들었어요. 다음은 태호 님이신가요?

김태호   네, 안녕하세요. 저는 김태호고요. 직업은 모임장님이랑 같은 기자를 하고 있습니다. 참가 이유는 저도 똑같이 곽아람 기자님 팬이기도 하지만, 취미를 좀 가지고 싶었어요. 제가 대학생 때는 밤에 새벽에 자더라도 피곤한 줄 모르고 글쓰기를 하며 지냈는데, 기자 일을 하면서 글쓰기가 직업이 되다 보니까 글을 쓰는 일이 피곤한 일이 돼버렸더라고요. 모임장님의 책 중에 《나를 써내는 글쓰기》에 직업인으로서 글쓰기 말고 나 자신을 바라볼 수 있는 글쓰기를 해보고 싶다는 문구가 있었는데, 저도 그런 생각을 갖고 참가하게 됐습니다. 좋아하는 책 세 권은 첫 번째는 〈씨네21〉 김혜리 기자님의 《나를 보는 당신을 바라보았다》라는 책인데, 저는 기자님의 에세이가 잘 다린 식탁보 같다고 생각해요. 되게 건조하면서도 포근한 느낌을 준다고 생각합니다. 그리고 묘사력이 되게 좋은데, 읽으면서 〈알쓸신잡〉에서 김영하 소설가가 학생들한테 '글을 쓸 때 짜증난다는 표현을 쓰지 말라'고 한 게 생각이 났습니다. 짜증난다는 말 안에 너무나도 많은 내용이 함축될 수 있는데, 우리가 흔히 뭉친다고 하잖아요. 그 표현 자체가 뭉쳐버리는 표현이 될 수 있는거죠. 저도 제 마음과 감정을 볼 때 약간 뭉친다는 그런 시각이 있거든요. 근데 김혜리 기자님의 글을 볼 때면, 제가 놓치고 갔던 이 감정은 이런 감정이었구나, 이 감정의 모양이 나는 삼각형이라고 생각했는데, 이게 이등변 삼각형일 수도 있고, 정삼각형일 수도 있구나, 그렇게 자세히 바라보게 되는 계기가 됩니다. 두 번째 책은 이청준 작가의 《눈길》인데요. 저희 아버지가 제일 좋아하는 책이기도 하고, 제가 개인적으로 울고 싶을 때 읽는 책이기도 해요. 저희 여기 모인 분들이 세대는 다 다른 것 같지만, 저희 세대는 취업도 좀 늦어지

고, 대학교 등록금이나 생활비 등의 상당수를 다 부모한
테 부담을 맡기고 사는 세대인데.

곽아람　태호 님이 이 모임에서 유일한 20대시죠.

김태호　네, 그렇습니다. (웃음) 저도 평소에 "뭐 이번에
엄마한테 용돈 줬으면 됐지.", "아빠한테 등산복 사줬으
면 됐지." 이렇게 생각할 때가 있거든요. 그리고 저희 세
대가 약간 이렇게 모르는 척하고 사는 세대라고 생각하
고요. 근데 이청준 작가님이 저희 부모님 세대인데 되게
가족에 대한, 부모에 대한 원죄 의식을 애절하게 후벼파
는 책이라고 생각했습니다. 그래서 좋아하고요. 세 번째
책은 박상영 소설가의 《대도시의 사랑법》이라는 책입
니다. 이 책을 좋아하는 이유는 앞의 두 책과 똑같이 묘
사력이 좋아서예요. 문단에서는 필체가 영상을 보는 듯
하게 자세하게 묘사한다는 평가도 있더라고요. 이 책이
연애 이야기인데, 퀴어 로맨스거든요. 그러니까 소수자
얘기를 다루지만 어쨌든 사랑은 보편적이다는 메시지
를 동시에 던져서 더 파장이 컸습니다. 저도 읽으면서
제가 좋아했던 사람들에 대해서 다시 생각해보게 했던
거울 같은 책이라서 좋아합니다.

곽아람　식탁보라는 표현이 되게 좋은 것 같아요. 다들
말씀을 너무 잘하셔.

주영실 저는 뇌에 혀가 없는 사람이긴 한데요. (웃음) 저는 모임장님이 인터뷰에서 모임에 이공계인 사람이 오셨으면 좋겠다고 한 부분을 읽었는데.

곽아람 맞아요. 저는 격렬하게 이공계를 원했어요.

주영실 그래서 용기를 내서 지원했습니다. 주영실이고요. 의사고, 서울에 있는 모 의과대학 병원의 내과 교수입니다. 어렸을 때 문학과 세계 명작 어린이 동화 전집 같은 동화들을 좋아했어요. 그래서 당연히 문과를 가게될 거라고 생각했는데, 어쨌건 의과대학을 들어가게 돼서 그 이후로 직업인이 되고 나서는 책을 많이 못 읽었죠. 옛날엔 그렇게 좋아하던 동화책이라든지 그런 것들이 일하고 결혼하고 바쁘게 살다 보니까 "내가 책을 좋아하는 사람이었나?"하게 되더라고요. 그래도 항상 무언가 읽는 걸 좋아하긴 했습니다. 그리고 책 좋아하는 사람이 대부분 그렇듯이 글도 써보고 싶고, 내 책도 내보고 싶다는 생각 속에서 살아왔지만, 너무 오랫동안 다른 분야에서 살아왔고, 의학이라는 게 여유 시간이 많은 직업은 아니거든요. 그래서 매어 살다 보니까 굉장히 시야가 좁아지는 거예요. 지금은 은퇴도 바라보고 좀 여유 시간이 생겨서 다시 제가 좋아하던 책과 글쓰기에 관심을 갖고 싶어요. 그리고 아까 다른 분들도 말씀하셨듯이 사실 일상생활에서 책 읽고 누구와 얘기할 자리가 잘 없잖아요. 그런 기회도 얻고 싶었고, 저도 강제가 좀 돼야 책도 읽고, 글도 쓸 것 같아서, 그런 생각으로 지원했습니다. 모임 지원할 때 자기소개서에 좋아하는 책을 써달라는 질문에는 좀 당황했어요. 사실 요새 읽은 책이 맨날 읽는 성경밖에 없거든요.

곽아람 가톨릭 신자시죠?

주영실 네, 그래서 저는 일단 첫 번째 책은 그냥 성경이고, 두 번째 책은 그래도 제가 여태까지 제일 많이 봤고, 감명 깊게 읽은 책을 써야할 것 같았어요. 근데 그럼 내과학 교과서거든요. 《Harrison's Principles of Internal Medicine》이라는 게 전 세계 의과 대학생과 교수들이 다 보는 책이거든. 거기서 봤다고 하면 누가 아무 말도 못 해요. 세 번째 책은 《좁은 문》이라는 책인데, 제가 청소년 때 제일 좋아했던 책입니다.

곽아람 정말 제가 원했던 그 이공계 분이 한 분이신 거죠. (웃음) 너무 재미있는 모임이 될 것 같은 그런 강렬한 예감이 지금 들고 있어요. 마지막으로 오래 기다리셨죠.

박서희 네, 제 이름은 박서희고요. 반갑습니다. 되게 떨리네요. 저는 도자기 만드는 도예가로 활동하고 있어요. 평소에 작업하는 시간 동안 누구랑 대화하는 일 자체가 별로 없어서 하루에 한두 마디 하고 지나갈 때가 많거든요. 오히려 듣는 게 좀 더 익숙해서 기다리는 게 힘들지 않았어요. (웃음) 예체능하는 친구들 대부분이 그렇겠지만, 저는 어렸을 때부터 진로가 좀 빨리 결정이 됐거든요. 어렸을 때부터 그림 그리고 미술하는 걸 좋아하다 보니까 예고를 나왔고, 자연스럽게 대학도 미대를 나오고, 직업도 제가 좋아하는 일이 직업이 되었어요. 근데 그러고 나니 취미가 없는 거예요. 어렸을 때는 책도 많이 읽었는데, 방금 영실 님 말처럼 제가 어디 가서 취미를 독서라고 말할 수 있는 사람인지에 의문이 조금 들었어요. "과연 나는 올해 책을 몇 권이나 읽고 지나가려나."하던 차에 인스타 알고리즘에 우연히 중림서재 공고를 보게 됐고, 모집 마지막 날에 부랴부랴 신청하게 됐습니다. 좋아하는 책 세 권은 마쓰이에 마사시의 《여름은 오래 그곳에 남아》라는 책과 김영민 교수님의 《아침에는 죽음을 생각하는 것이 좋다》, 앤드루 포터의 《빛과 물질에 관한 이론》입니다. 《여름은 오래 그곳에 남아》는 제가 작년에 다른 독서모임에서 했던 책인데, 아무래도 모임에 참여하려고 읽으면 조금 더 생각도 많이 하게 되잖아요? 그러다 보니까 제 생각이 조금 더 확실히 정리되는 느낌이었고, 제 머릿속에도 오래 남아 있는 것 같아요. 그리고 좀 인상 깊었던 게 거기 주인공이 좀 맥아리가 없어요. 좀 답답하고 그런데, 이런게 전에 만났던 남자친구랑 너무 비슷해서요. (웃음)

곽아람 그래서 잊히지 않은 거죠?

박서희 네. 되게 강렬하게. 근데 그 책도 뭔가 묘사가 되
게 사실적이고, 영화 보는 것처럼 풍경이나 이런 게 되
게 아름답게 묘사가 되어 있어요. 저는 소설을 좋아하는
데, 읽다가 "배경 어딘가에 내 도자기 하나 들어가 있으
면 어떨까?" 이런 걸 상상하면서 읽거든요. 그래서 그런
지 여름 별장에 내가 만든 찻잔 같은 거 하나 있어도 괜
찮을 텐데, 이런 생각도 했고요. (웃음)《아침에는 죽음
을 생각하는 것이 좋다》는 제가 K-장녀인데, 추석에는
항상 치열한 공방전이 벌어지잖아요. 추석을 앞두고 약
간 수련하는 느낌으로 읽으며 용기를 얻었고.

봄정환 〈추석이란 무엇인가〉 칼럼이 그 책에 들어가 있
죠?

박서희 네, 그리고 다른 챕터들도 다 좋긴 했는데, 약간
그 부분을 집중적으로 공략을 했었죠. 그리고 세 번째는
《빛과 물질에 관한 이론》인데, 저한테는 그 책이 일하고
피곤하고 무언가 곤두서 있을 때, 약간 잔잔하게 풀어지
고 싶을 때 조금씩 찾아서 읽는 책이에요. 활자를 읽는
행동들이 완벽하게 휴식을 취하는 건 아니지만, 뭔가 마
음을 내려놓고 싶을 때, 그냥 자꾸 그 책을 찾아서 읽는
것 같아요.

<u>곽아람</u> 네, 그럼 본격적으로 《데미안》에 관한 얘기를 시작하기 전에 '우리는 왜 책을 읽는지'에 관해 잠깐 이야기를 하며 자기소개는 마무리 할까요? 사실 저는 책을 읽는 목적이라는 말을 별로 좋아하지는 않습니다. 목적이라는 단어가 들어가면 마치 자기계발 같잖아요? 어떠한 목적을 향해 가면서 책을 읽는 사람도 있겠지만, 저는 책 읽기가 일상 속에서 자연스러운 행위였으면 좋겠다고 생각해요. 개인적으로는 '어떠한 지식을 획득하기 위한 독서보다 삶을 버티는 힘을 기르기 위한 독서가 조금 더 의미가 있지 않나'라고 생각합니다. 하지만 다른 사람들도 독서에 대한 다양한 생각을 가지고 있을 수 있으니까요. 그 이야기를 듣고 싶어요. 간략하게 왜 책을 읽는지 이야기해 주시겠어요?

<u>박서희</u> 한 가지에 몰입하는 것이 총체적으로 제 삶을 좀 풍성하게 만들어줄 수 있다고 한때 생각했어요. 좁고 깊게 파는 행위가 제 삶의 원동력이 될 수 있을 거라고 강하게 믿었거든요. 그게 작업이었어요. 지금은 생각이 조금 바뀌었습니다. 한 가지 분야에 대한 몰두 내지 열중하는 시간이 맹목적으로만 흘러가면 결코 삶을 풍성하게 만들어주지 않는 것 같아요. 작업에서 얻는 희열이나 보람이 있지만, 책이나 영화를 보는 행위에서만 얻어지는, 대체할 수 없는 가치들이 있다고 분명히 느꼈습니다. 독서는 마치 양치질 같아요. 다소 귀찮기도 하고, 크

게 대단한 걸 얻는 것 같지도 않지만, 일상의 자연스러운 습관처럼 스며들면 쾌적한 느낌이 유지되는 것 같다고 할까요? 요즘은 그렇게 느끼는 것 같아요.

곽아람 양치질이라는 표현이 정말 재미있는 것 같네요. 양치질처럼 정말 귀찮지만 일상에 들어와 있어 해야 할 것 느낌이 드는 게 책읽기라는 말씀을 하시는 것 같아요.

봄정환 모임장님 의견처럼 책읽기는 정보 습득이나 지식 쌓기만을 위한 게 아니라 내면의 근육 다지기인 것 같습니다. 사실 우리는 아는 대로 살지 못하잖아요. 읽은 만큼 아는 만큼 현실에 다 대입하고 적용하는 건 정말 힘들죠. 그래서 더 훈련이 필요하고요. 저는 독서가 굉장히 자폐적인 행위라고 생각하는데 가령, 책과 일대일로 독대하는 행위는 다른 행위들에 배타적입니다. 오로지 책과 나 둘밖에 허용이 안 되죠. 음악을 들으면서는 샤워나 설거지를 할 수 있지만, 책을 읽으면서는 그럴 수 없거든요. 그런데 신기한 건, 이 '책과의 독대라는 자폐적인 행위'를 꾸준히 지속하다 보면 어떤 굳건함이 생기는 것 같아요. 내 안에서 최소한의 무엇인가가 지켜지는. 책과 밀착해서 내면으로 침잠하는 행위가 스스로를 좀 단단하게 만들어 현실에도 영향을 미치는 것 같더라고요. 이는 단순히 내 지식의 키가 5.5센치 늘어났어, 내 정보량이 1.5리터 늘어났어. 하는 것과는 다른 차원이라 생각합니다.

김태호 책읽기를 통해 저는 다른 사람이 사는 세계를 엿보는 것 같아요. 저는 문학을 자주 읽어요. 제가 좋아하는 책 중의 하나가 천문학자 심채경의 《천문학자는 별을 보지 않는다》입니다. 저처럼 고등학교 시절부터 문과로 살아온 사람이 천문학이라는 영역을 공부하신 분의 생활을 엿보는 것은 흔치 않은 경험이에요. 그 분의 특강을 간다 해도, 한두 시간으로는 파악하지 못할 세계를 책을 통해 봅니다. 왜 천문학을 선택했는지, 배우면서 어떤 점이 좋았는지, 이런 것들을 알게 되니까요. 《데미안》 같은 고전 소설도 마찬가지인 것 같아요. 내가 모르는 세계를 파악할 수 있는 방법인 것 같습니다.

주영실 아주 어렸을 때부터 저는 문자를 좋아했던 것 같아요. 그런데 얼마 전에 모임장님의 《공부의 위로》라는 책을 읽으면서 '독서가 나에겐 위로가 되나 보다'라는 생각이 들었어요. 모처럼 남은 시간을 어떻게 보내야 할지 모를 때에는 내 직업적인 일과 관련이 없는 무엇인가를 읽는 게 정신적으로 위안이 되는 것 같아요. 소설책도 좋아해요. 다른 세계를 알게 되는 것도 있는 것 같거든요. 틈틈이 책이나 신문에서 읽을거리를 찾는 건 결국 독서가 나에게 위로가 되어서였나, 뭐 그런 생각을 요즘 합니다.

곽아람 책읽기에도 여러 가지가 있잖아요. 사회과학 서적의 경우는 지식을 얻기 위해 읽는 측면이 많은 것 같아요. 그런데 문학은 마음의 근육을 키워주는 것, 이를 통해 삶을 살아가는 데 버틸 수 있는 힘을 만들어주는 것이라고 저는 생각해요. 책을 읽으면 '내 안의 세계가 하나 만들어지는 것 같다'는 느낌이 들어요. 하나의 책을 읽으면 그 책의 세계가 내 안에 하나 구축되는 거잖아요. 어떤 다른 세계를 탐험하는 것과 같아요. 예를 들면, 우리가 《데미안》이라는 책을 읽으면 '데미안'이라는 세계가 우리 안에 각각 구축되겠지요. 그런 세계가 우리 안에 단단하게 구축이 되어 있으면, 외부의 어떤 불가항력적인 힘이 밀려오더라도 내 안의 구축된 세계만으로 행복함이나 충족감을 느낄 수 있는 것 같아요. 전 어릴 적부터 독서를 좋아했어요. 그러다 보니 내 안에 쌓여 있는 세계들이 이제는 꽤 많은 것 같아요. 성인이 되어서 사회생활을 하다보면 외부에서 받는 압력들이 많잖아요. 일도 잘 해야 하고, 회사에 성과도 보여줘야 하고, 그러다보면 나만의 가치를 포기하고 어둠의 유혹에 흔들리기도 하는 것 같아요. 그럴 때 내 안에 굳건한 세계가 있으면, 자기 충족이 있어서 조금은 그 압력들에서 벗어날 수 있는 것 같습니다. 그래서 저는 독서가 결국 삶은 버티게 해주는 힘을 준다고 생각했어요. 그것이 제가 책을 읽는 이유인 것 같아요.

가스라이팅하는 데미안

곽아람 《데미안》의 이야기로 넘어가 볼게요. 〈어른의 공부〉라는 주제에 '어른이 되어서 다시 읽는 《데미안》'이라는 주제가 잘 맞아떨어질 것 같았어요. 성장을 다루는 이야기이기도 하고, 한국 사람들이 정말 좋아하는 책이기도 하니까요. 그런데 《데미안》이 다른 국가에서는 크게 인기가 있지 않다고 들었어요. 우리나라에서는 헤세가 굉장히 인기가 있는데 말입니다.

이 책은 헤세가 1차 대전 이후인 1919년에 '에밀 싱클레어'라는 가명으로 발표했던 작품이에요. 나중에는 헤세가 쓴 걸 모두 알았다고 해요. 이 책이 마치 '청춘의 표상'처럼 여겨지면서 고등학교 때 많이들 읽는 것 같아요. '왜 이 책이 10대에게 많은 공감을 얻을까' 생각을 해봤어요. 결국은 자아를 찾아가는 움직임, 유혹과 기존 질서에 대한 반발, 자신만 가지고 있는 그림과 같은 복잡한 내면을 그려내는 측면 때문인 것 같아요. 그런 복잡함 때문에 우리는 방황하면서 '우리는 도대체 누구인가'라는 생각을 굉장히 많이 하게 되는데, 이런 면들이 우리나라 학생들에게 공감을 얻은 것 같습니다.

헤세의 작품은 학생들에게 인기가 많아요. 《수레바퀴 아래서》 같은 경우도 입시생들이 정말 좋아했거든요. 주인공 '한스'의 아버지가 한스를 라틴어 학교에 보내려고 하는데, 한스는 결국 입시 때문에 죽음을 맞이해요.

이런 이야기가 특히 우리나라 10대들에게 매력적으로 느껴지는 것 같습니다. 헤세의 작품은 영적인 측면도 있습니다. 저는 개인적으로 《싯다르타》라는 소설을 굉장히 좋아하는데, 동양적인 정서에 잘 맞는 작품입니다. 어떤 울림이 강하게 있는, 시적인 작품이죠. 물론 도스토엡스키를 좋아하는 사람들은 "헤세를 왜 읽는지 모르겠다.", "한 번도 헤세가 훌륭하다고 생각해본 적이 없다."고 말하는 경우도 있습니다. 대게 이런 분들은 복잡한 스토리를 좋아하거나 지식 획득을 중요시 여기는 경향이 있는 것 같아요. 독자 중에서는 헤세의 작품이 감성에 호소하는 측면이 있다거나, 무엇인가 실체가 없는 것 같다고 생각하는 경우도 있고요. 그러면 이제 돌아가면서 써오신 과제를 읽으며, 얘기를 더 진행해 볼까요? 정환 님부터 부탁드려요.

새의 그림자를 보면 삶이라는 농담이 들려 (봄정환)
천성이 연약한 탓에 눈앞에 정에만 기대려 하였다.
여림에서 비린내 쏟아지면 돈으로 꿰매었다.
상처는 패션이 되어갔다.
어미 잃은 개처럼 징징징 혀울음 토하고
혼에다 징을 박고 혓바닥에 경을 치고
달빛에 홀려 굳세어라 연명하였다.
열이 많아 정이 많으면 열정이다.
정이 많아 의리를 알면 정의다.

열정과 정의가 다 무엇이냐.

쉬운 말 어렵게 하는 아가리들 사이에서

온갖 혀놀음으로 말 썰어 밥 빌어먹는

혓줄기의 비루함들 사이-이-이-에서

해종일 갈팡질팡, 십이지신 돌았다.

이 몸 세울 곳 어디더냐 불안의 씨 더듬으며

혀 다리고 구름의 언어 번역하려 하늘 기었다.

못처럼 뾰족이 갈아버린 사주 딛고

명리를 학이 아닌 몸으로 딛고 살아

인문을 학이 아닌 몸으로 씹어 삼켜

신강과 신약 사이, 음과 양을 헌걸차게 널뛰며

온몸에 묻혀둔 어리광 게걸스레 핥아 가는데

아아 알아, 알아, 앓고 앓다 이내 알아 버렸다.

혀뿌리 딛고 작두 올라 발톱까지 벗겨 내고서야

부리로 주둥이로 내 살 죄다 찢어발기고서야

나 싱클레어 알아, 버렸다. 그만 다, 버렸다.

무슨 말을 더하랴, 뭔말인들 못하랴.

진작에 말이 삶을 초과한 생, 데미안이 나란 걸

어느새 내가 내게, 데미안 되어 있더란 걸

미안 데미안, 고작 나라서.

<u>봄정환</u> 이 글은 예전에 써놨던 걸 부분적으로 재활용 했습니다. 개인적인 얘기를 사적으로 펼치게 될까 좀 주저하게 되더라고요. 글에서도 느껴지셨는지 모르겠지만

《데미안》을 읽으면서 저는 약간 히스테리컬한 느낌이 들었어요. 애증이라고나 할까요, 양가감정이 있었어요. 이걸 마지막으로 읽었던 게 15년 전인데, 그때는 데미안을 싱클레어의 인도자로 봤어요. 좀 더 세속화된 지금의 저는 이드(id)를 자극하는, 내면의 본능이나 충동만 일깨우는 데미안의 말들이 혹세무민처럼 들렸습니다. 조금 거칠게 표현하면 '애는 뭐 이렇 게 아는게 많아?', '애는 왜 이렇게 선비 같아?', 좀 거슬리기도 해서 부정적으로 읽게 되더라고요. 개인 감정이 많이 이입된 것 같습니다.

곽아람 누구에게 부정적이신 거예요? 데미안? 싱클레어?

봄정환 둘 다죠. 저는 데미안이 실존 인물이 아니라 결국 싱클레어가 투영된 인물이라고 봤어요. 그 둘은 한 자궁인 거죠. 결국 이 책의 결론은 '나'라는 존재에게 가는 것이라고 생각했습니다. 당연히 읽으면서 저를 되돌아봤고요. 10대 시절의 저는 굉장히 여리고 감성적이라 상처를 많이 받았고 그러다보니 20대에는 냉소적인 사람이었던 것 같아요. 시니시즘을 방어기제로 차용한거죠. 그렇게 사회를, 나아가 이 세계를 온전히 못 받아들이니 30대 초반엔 초월이라도 한듯 마술적 사고에 심취해 오컬티즘으로 넘어갔어요. 섬에 가서 히피 생활을 조금 할 정도로요. 《데미안》을 대하는 제 태도가 변했다는 것을 알게 되면서 '나도 정말 조금은 변했구나'를 느꼈습니다. 그래서 저는 이제 힐링 운운하는 명사의 강의에 부정적인 편이에요. '왜 저렇게 무책임한 말을 할까'라는 생각이 들거든요. 저에게는 데미안이 싱클레어에게 하는 말들이 비슷하게 무책임하게 들렸습니다.

곽아람   어떤 면에서 무책임한가요?

봉정환   어떠한 구체성 없이 본능만 자극하는 방식이요. 처음에 크로머를 포함한 불량한 아이들에게 싱클레어가 괴롭힘 당하다가 데미안과 만나잖아요? 이건 뭐 완전히 피장봉호죠. 늑대 피하려다 호랑이 만난 격인 겁니다. (웃음) 싱클레어의 인생을 놓고 보면 데미안이 훨씬 파괴적인 존재 아닌가요? 얘는 환경상 일정시기만 지나면 크로머가 진입할 수 없는 곳으로 피할 수 있었는데, 괜히 비범한 척 말로 허세부려 크로머에게 약점이나 잡히고, 이에 겁 먹는 바람에 데미만에게 정신을 지배당하잖아요. 데미안이 거의 신성화 되면서요.

배승연   동의해요. 일종의 가스라이팅이잖아요.

봉정환   원래 연애 메커니즘처럼 모든 인도자의 말에는 가스라이팅이 있잖아요. 싱클레어의 입장에서만 보면 제가 쓴 글의 마지막 문장인 "미안 데미안, 고작 나라서."라는 말도 양가적입니다. 아주 긍정적인 뜻, '너의 인도를 받은 나'라는 의미와 아주 부정적인 의미, '참 자아를 깨고 나온 게 고작 나 따위야'라는 의미가 함께 있는 겁니다. 책에서 니체가 3번 정도 언급이 된 걸로 볼 때, 데미안이 주장하는 것들은 니체철학과도 닿아 있어요. '내 안에 알을 깬다'는 것 자체가 자기전복성, 자기파괴성을 수반한다고 보는데, 문제는 이 알을 깨는 행위가 '창조를 위한 파괴'와 같은 건강한 방식이 아닌 자칫 죽음충동으로 흐를 위험성도 있거든요. 저도 한 때 주이상스(jouissance)라는 개념에 빠졌던 적이 있어요. 한국 말로는 '죽음의 쾌락' 정도의 뜻인데, 결과적으로 "끝까지." 가게 되더라고요. 종착지가 혼수상태인채 중환자실이었으니까요. 그래서 전 더 묻게 되더라고요. 싱클레어 인생에서 데미안을 만난 것이 내면의 알을 깨고 나오는데 정말 도움이 되었을까? 제게 십대 조카들이 있다면 이 책을 적극적으로 추천하지는 않을 것 같습니다. 저명한 명사들이 대중 앞에 나와 '하고 싶은 것을 해라', '꿈을 꿔라', '비로소 멈춰야 보인다', 이런 이야기를 하지만 과연 자기들도 그럴까요? 본인들은 멈춤 없이 떠들잖아요, 계속. (웃음) 말은 쉽지만, 인생은 쉽지 않잖아요. '나는 내가 하고 싶은 거 하면서 살 거야'라고 하는 후배들한테도 '네가 하고 싶은 걸 하면 돈이 들고, 네가 잘하는 걸 하면 돈을 벌어'라고 얘기할 때가 있는데, 그들이 말하는 이 '자아 찾기'의 뿌리가 《데미안》 같단 생각이 이번 독서를 통해 들었어요. 많은 분들이 데미안을 긍정적으로 보시지만 저는 그렇지만은 않습니다. 종교적인 관점으로는 잘 모르겠지만, 카인의 표적과 같은 해석도 존중할 수 있습니다. 하지만 결국 키워드로 뽑자면 '혹세무민'인 것 같아요. 조금 자라서 보니, 데미안이 하는 소리는 말은 다 맞지만, 말이 삶을 초과했다고 봐요. 물론 말은 이래도 저 역시 《데미안》에 대한 노스탤지어는 늘 있습니다. (웃음)

박서희　저도 동의하는 부분이 있어요. 아이가 성장하다 보면 자연스럽게 자아에 대한 고민은 굳이 데미안을 만나지 않았어도 어차피 했을 고민들인데, 필요 이상의 혼란을 초래하지 않았나, 그런 생각을 했습니다. 제가 싱클레어였으면 불쑥불쑥 나타나는 데미안이 부담이 되었을 것 같아요. 문학 작품이니까 충분히 그럴 수 있지만 갑자기 마주치기도 하고요. 그리고 데미안이 자꾸만 싱클레어한테 '너라면 알아들을 줄 알았어', '너라면 이해할 줄 알았어', '역시 네가 하는 대답은 달라'라는 식으로 말하잖아요. 어디서 듣기로는 아이를 양육할 때도 '잘했다'는 표현이 칭찬이 아니라고 해요. 결과적으로는 아이가 성과를 보여주는 것에 집착하게 만든다고 했어요. 싱클레어가 다양한 인간관계 속에서 실패도 겪고 해야 하는데, 데미안에게는 항상 뭔가 특별한 대답을 해줘야 할 것 같잖아요. 그리고 데미안은 '나는 남들과 다른 생각을 가지고 있어', '넌 형과 친구가 되기에 정말 적절한 사람이야'라는 부담감을 계속 심어주고 대화를 유도하는 느낌이 있어요. 책을 읽으면서 싱클레어가 '힘들겠다'고 생각한 적이 종종 있었어요.

<u>봄정환</u> '말이 삶을 초과한 생'이라는 말은 제 인생에 대한 반성문이기도 해요. 《데미안》을 읽으면서 과거의 저를 보는 것 같았거든요. "나도 누군가한테 이랬을 수 있겠구나, 이 업보를 다 어떻게 하지?" 누구나 살다 보면 세상에 매 맞는 시기가 있고 때가 되면 저마다 알아서들 잘할 텐데, 무슨 심판자처럼 훈수 두고 그러는 건 조심해야겠다는 생각을 했습니다.

<u>주영실</u> 책을 읽으면서 저는 데미안이 헤세 자신이 아닐지 생각했어요. 싱클레어나 데미안과 비슷한 아이들을 우리 주변에서도 흔히 만날 수 있잖아요. 그런 인물들을 형상화한 것이 아닐까 생각했어요. 너무 어릴 때 읽어서 그랬는지, 그때는 큰 감흥이 없었는데 이번엔 아주 재미있게 읽었어요. 그런데 도스토옙스키와 같은 대작은 아닌 것 같다는 생각이 들었어요. 헤세의 일생을 봤더니 결혼을 세 번인가 네 번을 했더라고요. 두 세계 속에서 헤맨 느낌이랄까요. (웃음) 그래도 세계 명작을 읽으면 잘 모르던 것, 새로운 지식을 얻는 것도 있고, 무엇보다

그 유려한 문장에 대해 감탄하기도 해요. 이 문장은 한국어로 번역을 해 놓은건데도 좋은 문장이다, 이건 정말 타고난 재능일 수 밖에 없다, 그런 생각이 드는 문장들이 많았고, 좋았어요. 단지 이 나이 때까지도 해결되지 않는 그런 어려운 문제들, 두 세계에 대한 고민을 해결하기에는 조금 미흡했던 것 같아요. 문제를 던져만 놓고 답을 주지는 않는 느낌이랄까요, 아마 그래서 도스토옙스키가 생각 났는지도 모르겠습니다.

두 세계, 그리고 투쟁 (주영실)

우리 집에 이미 두 권의 《데미안》이 있다는 것은 신기하고도 기분 좋은 발견이었다. 독서 모임의 첫 책 《데미안》을 읽고 무언가 써내야 하는 마감일이 일주일도 채 안 남은 시점이었어다. 책을 구입한 지가 꽤 오래되었기도 했고 그즈음 다른 일들로 마음의 여유가 없었던 나는 머릿속이 하얀 느낌이었다. 딸의 방으로 갔다. "요즘은 책을 어디서 어떻게 사야 하나?" 내가 생각해도 앞뒤 없는 질문이었다. "엄마 무슨 그런 질문을… 뭘 물어보고 싶은 거야?" 침대에 누워 있던 딸은 내 어깨너머 책꽂이 쪽을 턱짓으로 가리키며 "우리 집에 있을걸? 저기 있는 것 같은데?" 책꽂이에는 두 권의 《데미안》이 있었고 그중 더 오래되어 보이는 낡은 페이퍼백 《데미안》에는 하물며 많은 밑줄과 포스트잇, 귀퉁이가 접힌 부분,

게다가 연필로 쓴 빼곡한 메모까지 있었다. 신선하고도 마음 푸근한 발견이었다. 누구의 글씨일까. 이 소설이 발표된 건 1919년이고 우리 집에 있는 두 권은 각각 1985년, 2013년에 발행된 책들이다. 아마도 첫 책은 우리 큰아이가, 그다음 책은 우리 작은아이가 대학생 때 산 것 같다. 중학교 2, 3학년 때쯤 내가 사서 읽은 문고판 《데미안》은 아마도 1970년대 판일 것이고 아직도 그 외관이 기억에 있는데 분홍빛 선 무늬가 있었던 것 같다. 고등학생이었던 오빠가 빌려달라 해서 할 수 없이 내주었는데 돌려받지 못했었다. 그럴 줄 알았다고 속상해했던 기억이 새삼스럽다. 그때는 특별히 감명 깊게 읽지는 못했는데 아마 대부분을 잘 이해하지 못했었기 때문이었던 것 같다. 바로 앞전에 같은 작가 헤르만 헤세의 《수레바퀴 밑에서》를 아주 재미있게 읽고, 데미안에 이어 《유리알 유희》로 이어졌는데, 점차 난해해져서 《유리알 유희》는 아마 끝내지 못했던 것 같다.

그런데 그로부터 수십 년 후 이번에 읽은 《데미안》은 중학생 때 보다 매우 재미있게 읽었다. 시간만 허락된다면 내쳐 한 권을 독파하고 싶었던 만큼 재미있었던 것이. 아마 세월과 나이 탓이었을까. 그래도 기억에 뚜렷이 남아 있는 구절 들을 가끔 만나며 분명 중학생 시절부터 이어진 기억이라 확신했다. 역시 세계 명작소설이란 이런 것인가 보다.

이번에 내가 새로 주문해 받은 책은 2022년 12월 9일 초판으로 되어 있다. 가장 최근 발행본이라 기념, 장서, 참고용으로 마련해 놓았고 일단은 집에 있던 2013년 발행 안인희 교수 번역의 번역본을 읽었다. 내 소유의 책을 주문하는 과정 중에서 오랜 기간 《데미안》에 대해 많은 번역본이 있음 또한 발견했는데, 그 유명한 구절, 너무 많이 이야기되어 식상하다고까지 해버리고 싶기도 한 구절, '새는 힘겹게 투쟁하여 알에서 나온다'는 부분에 대한 번역의 궁금증이 생겼다. 이는 내가 읽은 번역본의 번역인데 얼핏 부자연스러워 보여서 원저자는 실제 어떤 말을 하고 싶었던 걸까 하는 궁금증이 생겼다. 원서를 검색했다. 인터넷의 시대는 많은 지식을 가져다준다. 독일어본과 영문본이 나온다. 그 부분을 봤다. 두 언어 모두 잘 못 하지만 독일어는 더더욱 모르지만 역시나 그 많은 자료와 지식을 제공해 주는 인터넷이 진정 우리가 원하는 것을 우리가 궁금해하는 것을 해소해 줄 수 있을까 하는 회의는 여전히 재확인된다. 독일어 원문으로는 'kämpft', 영문본은 'fight'라는 표현을 썼다. 저자는 힘겹고 고통스러운 싸움이 우리 삶의 핵심적 요소임을 말하고 싶어 투쟁이라는 표현을 쓴 걸까. 성경에도 인생은 땅 위에서 고역(욥기)이라고 말하고 있고 카인은 동생과의 싸움을 계기로 아마 이후의 삶을 긴 투쟁으로 보냈으리라 짐작되며 하물며 야곱은 하느님과도 싸운다.

　삶을 분명하고 깨끗하게 그리고 아름답고 질서 있게 하려면 이 세계에 머물러야 했다. 그렇다. 신앙인으로서 나는 마땅히 의무와 죄, 양심의 가책과 참회, 용서와 좋은 의도, 사랑과 존경, 성경 말씀과 지혜가 있는, 또 미래로 통하는 곧은 선들과 길들이 있는 이 세계에 머물러 있어야 하겠지. 운명처럼 신의 눈길을 목뒤에 느끼며 살아가는 착하고 선한 사람들은, 뚜렷이 대비되는 두 세계에 대한 젊은 주인공의 이 단언적 탄식에 잠시나마 안도감은 느낄 것이다. 책의 말미, 전쟁과 함께 데미안이 떠난 후 에밀 싱클레어는 어떤 삶을 살았을까. 자전적 소설이니 헤르만 헤세의 인생 중후반부 삶에 대해 검색되는 내용으로 미뤄 짐작할 수밖에 없겠지만, 아마도 적어도 내적으로는 계속 두 세계를 오가며 투쟁하며 살아가지 않았을까.

　20대 초반 군인 시절 그 많은 밑줄을 긋고 포스트잇을 붙여가며 《데미안》을 읽었던 나의 아들은, 이 책의 서문을 아직도 기억한다고 한다. 그는 지금 어느 세계를 바라보고 있을까.

곽아람　글 안에 자신에 대한 이야기뿐만이 아니라 아들, 딸에 대한 이야기가 있잖아요. 그런 지점들이 저는 굉장히 좋았던 것 같아요. 그리고 원문을 찾아서 '투쟁이라는 그 단어에 굉장히 초점을 맞추신 것도 굉장히 흥미롭습니다. 왜 이렇게 쓰셨는지 여쭤보고 싶었어요.

주영실 처음에 이 글을 쓰려고 했을 때, 저 자신이 자유 형식의 수필 쓰는 일에서 그동안 너무 멀리 떠나 있었다는 것을 깨달았어요. 직업이 직업인지라 계속 글을 써 왔지만 대부분이 의학 논문이나 발표 자료, 강의원고 등이었거든요. 그런데 의학 논문이라는 건 특정한 형식이 있잖아요. 가설과 결론이 분명해야 하고, 읽는 사람에게 내가 말하고자 하는 사실을 명확하게 전달해야 하는 것들이요. 그런데 이런 형식에 오랫동안 매여 있어서 그런지 이 글, 이 모임의 과제물인 이를테면 문학작품의 독후감에 무엇을 써야할지 꽤 난감했었어요…. 누가 읽을지를 생각해야 하고, 시간 내서 읽는 것이니 읽는 분들께 도움이 되어야 할 것 같고…. 그러다 보니 독자에 대한 예의가 있어야 할 것 같았어요. 물론 매일 일기나 다이어리를 짧게 쓰고 있긴 하지만 그렇게 자유롭게 써서는 안 될 것 같았어요. 그건 나의 기억과 만족을 위한 것이지 다른 사람을 위한 글이 아니니까요. 며칠 동안 '무엇을 써야 할까?' 무척 고민이 많았어요. 그러다가 중림서재 모임에 오시는 분들은 다양한 연령대와 직업을 가지고 계시니 나에 대한 얘기도 그분들께는 새로운 감흥이 아닐까 하여 결국 내 이야기를 써보자고 생각했어요. 전에 의학논문을 쓸 때 그랬던 것처럼 서론과 결론을 먼저 쓰고, 꼭 넣고 싶은 문장을 앞부분과 뒷부분 문단에 넣어놓고, 중간 부분을 맨 나중에 썼습니다. 앞부분과 뒷부분도 오늘 새벽 3시에 일어나 간신히 쓰긴 했지만요.

곽아람 《데미안》하면 다들 기억하는 문장 있잖아요. 인터넷이나 카카오톡 프로필이 없던 시기에는 다이어리에 적어 놓거나, 종이에 적어서 코팅해서 가지고 다니기도 했던 문장 말이에요. "새는 알을 깨고 나온다. 알은 세계다. 태어나려는 자는 그 세계를 깨뜨려야 된다. 그 새 이름은 아브락사스."

넷플릭스 시리즈 〈더 글로리〉 인기가 많았잖아요. 어떤 분이 〈더 글로리〉를 보고 《데미안》을 다시 읽고 있다고 인터넷에 글을 올리신 걸 봤어요. 재미있는 건 사람들이 다들 "그래, 그 새 이름이 아브락사스였던가."라고 댓글을 달더라고요. 〈더 글로리〉를 안 보신 분들도 있으시니 간략하게 내용을 설명드리면, 학교폭력을 당했던 피해자 '동은(송혜교 역)이 20년 후 가해자들에게 복수하는 내용이에요. 동은의 조력자로 나오는 가사도우미 '현남'(염혜란 역)은 오랜 시간 가정폭력을 당하며 삽니다. 자기 손으로 남편에게 복수를 할 수 없으니 동은에게 도움을 요청해요. 재미있는 점은 현남은 정말 명랑하고 쾌활한 성격이라 동은과 친해지고 싶어 하지만, 사람에게 마음이 닫혀있는 동은이 곁을 내주지 않아요. 농담하는 현남을 동은이 낯설게 쳐다보는 장면이었는데, 현남은

"왜, 맞는 넌은 명랑하면 안 돼요? 나도 알고 보면 명랑한 사람이에요."라고 해요. 어느 날은 현남이 동은에게 사이다와 계란을 주며 먹으라고 하면서, "이거 정말 의미있는 거에요. 그거 있잖아요. 새는 알에서 깨어나려고 한다. 그거 우리 딸이 읽는 거 봤어요. 래미안."이라고 해요. 그러자 동은은 어이가 없는 표정을 지으면서 "그 새는 못 깨어나요. 이미 계란을 삶아버려서. 그리고 그 책은 래미안이 아니라 《데미안》이에요. 래미안은 아파트고요."라고 했더니, 현남이 약간 어색해하는 표정으로 "아니, 이 계란은 삶은 거 아니고 구운 거라고."라고 맞받아쳐요. 그 장면은 정말 인상적이었는데, 사람들도 그랬는지 《데미안》을 다시 읽는다고 하더라고요. 현남은 동은과 마찬가지로 폭력의 피해자이지만 그 사람이 명랑함과 쾌활함을 유지할 수 있는 힘은 '구운 계란'에서도 '비상하는 새'를 보는 눈이라고 생각해요. 저는 그런 눈이 문학이라고 생각해요. 세상을 버티게 해주는 힘을 주니까요. 이 '새'와 '알'에 대해 더 나누어 보고 싶은데요, 어떻게 생각하시는지 자유롭게 얘기를 해주시면 좋을 것 같아요.

김태호 저희 어머니도 일기를 쓰시는데, 당연히 제가 한 번도 본 적은 없어요. 남의 일기니까요. (웃음) 그런데 어머니의 일기를 만약 봤다면 이런 느낌이었을까 싶어요. 계속 일기를 쓰셔서 그런지 자기 내면을 잘 바라보고 덤덤하게 표현을 하신 것 같습니다.

주영실　이야기를 듣고 보니, 그런 노력을 했던 것 같아요. 지나치게 내면을 바라보는 건 타고난 제 속성 같기도 합니다. 너무 자신에게만 집중하지 않으려고 하긴 했어요. '이건 내 사정이니까'라는 생각, 그리고 '다른 사람들이 시간을 내서 읽을 만한 가치가 있으려면, 공통된 무언가가 있어야 하지 않을까'라는 부담과 의무감이 많았던 것 같네요.

데미안은 사탄인가?

배승연　저만 《데미안》을 너무 다르게 이해한 것 같아요. 이렇게 말하면서도 '내 이야기가 공감받을 수 있을까'라는 생각이 들기는 합니다. 사실은 어느 정도 예상은 하고 있었어요. 저는 그 제일 유명한 문장도 거슬리고 불편했습니다. 가톨릭의 진리 안에서는, 그러니까 하느님의 계시 종교 안에서는 '상대적 진리'를 인정하지 않는 면이 있습니다. 그런데 데미안은 싱클레어에게 주야장천 세상을 새롭게 그리고 다르게 볼 수 있어야 한다는 이야기를 계속 하거든요. '알을 깨고 나오라'는 그 말이 '너의 프레임, 가톨릭적인 세계관, 그동안의 편안하고 안온한 평화로운 모든 것을 다 깨고 나오라'는 말처럼 느껴졌습니다. 물론 대부분은 수동적으로 자랐던 환경

속에서 자신의 것을 찾아가라고 읽겠지만, 저에게는 데미안이 정말 '데몬(demon)'으로 읽혔어요. 친구나 벗이 아닌….

<u>주영실</u>　유혹자!

<u>곽아람</u>　사탄!

<u>배승연</u>　맞아요. 저에게는 영적 투쟁의 대상으로 보였어요. 학교폭력의 대상자는 누가 봐도 나쁜 사람이잖아요. 누가 봐도 쉽게 알아볼 수 있는 '악'이에요. 그런데 가톨릭교회 안에서는 '사탄이 가장 많은 곳은 성당과 수도회'라는 말을 해요. '어차피 타락한 곳에서는 사탄이 있을 필요가 없다'고 보거든요. 데미안이야말로 성스러운 모습과 교묘하게 뒤틀린 모습이 함께 그려져요. 저에게는 그런 부분들이 분별하기가 어려운 '악'으로 보였어요. 예를 들면, '견진 성사' 이야기가 나오는데, 그 부분이 정말 짜증이 나기도 하고 불편했어요. 교묘하게 대응을 시켜서 마치 악과 선이 씨실과 날실처럼 공존한다는 식으로 표현한 부분들이 거슬렸어요. 무신론자가 느끼는 것보다 이 책이 더 무섭고 불편하다고 느꼈던 이유는 신에 대해서 끊임없이 이야기한다는 점이었던 것 같아요. 신의 존재를 부정하지는 않지만, 신의 생각과 판단에 맡기는 게 아니라 '네가 주도적으로 판단하고 생각해라', '네

가 창조자일 수 있다', 그런 관점이 있어요. 그리고 중간 중간에 뉴에이지(New Age) 영성이나 비슷한 종류의 명상법들도 묘사되고요. 가톨릭 안에서도 환시 현상이 있는데, 그것과 유사하게 묘사해요. '내면의 신을 만난다'는 《시크릿》류의 책들이 그래요. '내가 생각한 대로 될 것이다', 이런 부분이 절묘하게 어우러지면서 고등학교 시절부터 제가 이 책이 불편했던 이유를 선명하게 보게 되었어요. 그래서인지 책을 읽고는 머리가 아팠어요. 편하지 않았어요.

곽아람 어차피 말씀을 시작하셨으니 읽어주시면서 짚어주시는 게 좋을 것 같아요. 내용을 요약하셨다고 들었어요.

배승연 요약이 아니라 툭툭 나오는 대로 생각의 파편을 적었어요. 생각이 봇물 터지듯이 나오지는 않았거든요. 아마도 헤세의 생각에 동의하는 부분이 거의 없어서 마음이 움직이지 않았던 것 같습니다. 읽어볼게요.

우정과 영적 전쟁, 교묘한 '악' (배승연)

《데미안》이 다른 이들과 다르게 읽힌다는 것은 그만큼 나의 세계가 다른 이의 세계와 다르다는 것 그만큼 공감과 지지자들이 적다는 것을 의미하기도 한다. 결코 이기지 못할 싸움이지만 이 세상 끝날 때까지 싸워야 하는 것은 나 자신과도, 타인과도, 차이도 아닌 《데미안》도 아니라는 것을 안다.

이 책을 왜 그토록 중도에 읽다 말았는지, '이번엔 여러 번 읽어봐야지' 하는 다짐이 '한 번이나 잘 읽어보자'라고 바뀐 것인지 이번에 선명히 알게 되었는데, 무신론자의 종교 비난보다 더 교묘하게 그리스도교를 바닥에 떨구고 있기 때문이었다. 책을 읽는 내내 편두통이 왔다.

가톨릭 신자가 받게 되는 7 성사 중에 그 6 성사 중에, 견진 성사 싱클레어의 각성을 교묘하게 날실과 씨실처럼 대응시킨 부분이 거슬… 정확하게는 화가 났다. 나와 데미안의 관계에 대해 전혀 주목할 수 없었는데 일반적으로 성장 소설, 새로운 각 자아 각성법, 그리고 나 자신을 발견할 때 된다는 부분에 전혀 동의할 수 없었기 때문이다. 싱클레어의 데미안에 대한 동경이나 지지가 커질수록 자신을 사랑할 수 없었다는 부분, 다른 이들에게는 관심이 없고 자신에게만 몰두했다는 부분들이 눈에 들어왔는데…

데미안은 인간이 하느님에게서 벗어나게끔 하는 모든 것의 총체이자 근원이라는 생각이 들었다. 트레머는 절대 악, 누가 봐도 악, 쉽게 식별이 가능한 악인데 데미안은 사랑, 평화, 혹은 인권으로 표현된다고 생각한다. 이를테면 생명 윤리에 대한 부분 동성애에 대한 부분에 대한 가톨릭의 입장과 세상의 입장을 생각하면 쉬운데, 후자가 보통 우리에겐 각성이자 진정한 신이 원하는 사람 약자와 소수를 위한 마음 등으로 표현되는 것들이다. 인간은 영원히 데미안에게서 벗어날 수 없는데 그것을 식별하기란 날이 갈수록 더욱 어렵다. 문화, 상대적 진리 등이 불변하는 그리스도교의 진리, 경직성 등으로 공격받을 수 있기 때문이다. 내게도 데미안에게서 벗어날 수 없는 시간이 있었다. 그래서 정말이지 정확히 표현하면 늘 헷갈렸던 10대와 20대, 지금도 여전히 알면서 매일 매 순간 달콤한 유혹들이 있음을. 조금 달라졌다면 예전에는 헷갈렸다면 지금은 덜 헷갈리거나 알면서 데미안과 함께 있다는 정도. 나에게 데미안은 벗 아니고 영적 전쟁의 대상이다.

배승연　머리가 아팠던 부분은 설명이 조금 필요해요. 마귀 들린 사람을 부마자라고 하는데, 부마자를 내쫓는 은사를 가진 신부님이나 은사자들이 있어요. 지인 중에 그런 은사자가 있어서 부마자 옆에 있으면 어떤 느낌을 받느냐고 물어본 적이 있었는데, "뒷골 당긴다."고 했어요. 영적 훈련을 받고 살았던 사람인데 이 책을 읽으면서 편두통이 사라지지 않았다던 그 지인의 말이 떠올랐었어요. 저는 헤르만 헤세가 《데미안》을 통해 드러낸 생각에 대부분 동의할 수 없습니다.

곽아람 승연 님이 계셔서 대화가 정말 풍성해지는 것 같습니다!

배승연 이런 감상을 나누기가 편하지는 않아요. 그동안 왜 독서 모임을 못 했는지 생각해보니, 읽을거리에서 거슬리고 불편했던 게 많았던 것 같아요. 그러다 보니 감동이나 울림을 받지 못했던 것 같아요. 정말 읽기가 힘들어서 계속 미루다가 새벽에 읽었거든요.

곽아람 양치질을 끝까지 미루고 있었던 것과 비슷하네요?*

배승연 계속 미루다가 새벽에 5시나 6시 정도에 읽었던 것 같아요. 제 감상평이 종교적인 방향으로 가니까 공유할 때 불편한 느낌이 있어요.

곽아람 이 책은 종교적인 책이고, 내용에 기독교에 대한 회의도 있다고 생각합니다. 아브락사스라는 새도 조로아스터교의 새니까요. 하지만 제 생각에는 승연 님이 헤세가 살았던 그 당시의 유럽 분위기를 그 누구보다 잘 이해하고 계신 것 같아요.

---

*   34쪽 박서희 님의 발언 참조.

배승연 내용을 부분적으로 자세히 읽을수록 정말 '안티 그리스도적인 모습이 많다'고 생각했습니다. 사실 저로서는 현대까지 이 책이 많은 사람에게 성장 소설로 읽히는 것에 동의할 수 없어요.

곽아람 글 내용 중에서 '데미안은 사랑, 평화 혹은 인권으로 표현된다'는 게 무슨 뜻일까요?

배승연 그건 너무 모호한 표현을 쓴 것 같긴 해요. 데미안을 좋아하고 추종하는 사람들은 수동적으로 살던 우리가 자신에 대해 깨닫고, 스스로의 생각을 가지고 주체적인 모습을 가지는 부분을 높이 사는 것 같습니다. 아마도 데미안을 가장 정확하게 표현하는 건 '자아와 세상에 대한 각성'인 것 같아요. 세상의 풍파에 치이면서 선도, 악도 알아가는 경험을 하니까요. 그 '주체성'의 중심에는 인문학과 르네상스가 있다고 배웠어요. 그리고 가톨릭교회가 가진 시각으로는 뉴에이지적인 부분들이 종교가 아닌 문화로 인식될 수 있습니다. 비거니즘이나 동성애에 대해서도 마찬가지입니다. 사실 가톨릭에서는 성소수자를 미워하거나 혐오하라고 한 적은 없어요. 시대를 막론하고 동성애를 부정하고 생명윤리를 옹호하면서 낙태법을 반대하는 입장을 단 한 번도 바꾼 적이 없어요. 하지만 사랑, 평화, 인권을 지지한다고 하는 이들은 시대가 변했다고 말하면서 가톨릭이 그들이 말하는 평화, 사랑, 인권에는 배타적인 모습을 보인다고 공격하는 부분이 있습니다. 이런 안티 그리스도적인 부분들은 교묘해서 처음에 싱클레어를 괴롭혔던 악처럼 겉으로 드러나지 않는 것 같습니다.

곽아람 포장한다거나 가면을 쓰고 있다는 말씀하시는 거지요?

배승연 맞아요. 가톨릭 입장에서는 '그들이 악마다'라고 말하기는 어렵습니다. 그러나 가톨릭 입장에서는 반대하는 것들, 안티 그리스도적인 개념들이 선명한 악으로 드러나지 않는다는 것입니다. 특히 뉴에이지에서 말하는 사랑과 평화의 개념이 그런 부분이 많다고 봅니다.

봄정환 교묘하게 위장해서 답을 내놓는 경우겠지요.

김태호 저는 종교 쪽을 잘 몰라서, '뉴에이지가 무슨 뜻이지?'라고 계속 궁금했어요.

배승연 뉴에이지는 '새로운 시대의 운동'이라고 해요. 그 뿌리가 수피즘(이슬람 신비주의)으로 올라가요. 《데미안》 내용 중에서 별자리 점이나 타로 점을 재미로 보는 부분이 나오는데, 이런 점을 보는 행위도 가톨릭에서는 부정하는 부분이거든요. 왜냐하면 가톨릭의 첫 계명이

'하나이신 하느님을 흠숭하라'인데, 점성학을 비롯해 수피즘은 이 첫 계명을 어기는 것과 같습니다. 창조주 하느님이 아니라 별자리나 다른 것들을 가지고 내 삶에 대해 점치고 알 수 있다는 개념을 포함하기 때문이에요. 뉴에이지에는 비슷한 뿌리가 다양하게 포함되어 있어요. 예를 들면, 인도의 다신교, 요가, 명상 수행 등이 모두 비슷한 뿌리를 가지고 있습니다. 이런 행위들은 종교가 아닌 문화로 받아들여지기 때문에 사람들에게 거부감을 일으키지 않아요. 그 뿌리라는 것은 '누구나 신이 될 수 있다. 네 안의 신이 너를 가장 잘 알고 있다. 네가 스스로 만들어 가는 것이다'라는 생각입니다. 사람들에게 그 생각을 지속적으로 주입하고 있다고 보는 겁니다. 이 생각이 가톨릭에서 뉴에이지를 부정적으로 가장 큰 이유입니다. 자신이 천주교인이라고 생각하는 사람들도 성당에 열심히 나가고 봉사도 열심히 하지만, 삶의 중심에 있어서는 하느님을 액세서리로 여기게 되기 때문입니다. '내 삶의 주인은 '나'이고, 내 마음대로 살 거야. 하느님은 내 소원을 들어줘야 하는 존재'라고 생각하는 것과 다르지 않아요.

곽아람　저인 것 같은데요? (웃음)

배승연　물론 저도 그래요…. 저도 그렇게 생각하면서 살아요.

봄정환 그렇게 생각하면 안 되지만, 대부분 하느님이 민원 해결사라고 생각하잖아요.

배승연 뉴에이지의 핵심 개념이 '내 삶의 주인은 나'이며, 나의 삶을 주관하는 하느님께 순종하는 게 아니라 내가 알아서 사는 것이다'라는 부분이 가톨릭의 진리에서 가장 어긋나는 것이죠.

곽아람 '진리'라는 건 절대적이어야 하는 것이니까요. 그렇죠?

배승연 절대적인 게 아닌 상대적인 것들은 다 변화하잖아요. 회개를 말할 때, 우리는 예수님이 십자가에 못 박혀 돌아가시기 몇 분 전에 옆에 매달려 있던 도둑들이 '하느님, 제가 오늘 회개하니까 예수님 곁에 있게 해 달라'고 해요. 그러면 안 된다고 하는 것부터, 카인과 아벨의 살인에 대해서도 오히려 용기 있는 행동이 아니냐는 해석을 하는 것입니다.

곽아람 굉장히 긍정적인 해석이죠.

배승연 많은 게임과 영화, 이런 책들이 '사람을 죽이는 일? 할 수 있지. 멋있잖아!'라는 생각을 학생들에게 불어넣을 수 있다고 생각해요.

곽아람 　다른 분들은 어떻게 생각하세요?

박서희 　종교에 대해 잘 알지 못하지만, 정말 흥미로운 관점인 것 같아요. 가장 인상적인 부분은 싱클레어가 데미안이 유혹자의 모습으로 다가갔을 때, 뭔가 섬뜩한 두려움은 느끼면서도 쉽사리 데미안을 거부하지 못하잖아요. 싱클레어가 데미안을 벗어나는 시점이 전쟁을 기점으로 극단적으로 파괴적인 상황을 겪고 난 이후잖아요. '절대적인 악'이라면 누가 보아도 불량하고 나쁜 모습일 텐데, 데미안은 처음부터 단호하게 배척할 수 없을 정도로 사람의 판단력을 흐리게 만드는 매력적인 존재였을 거라고 생각해요.

주영실 　본문에서 조금 헷갈리는 부분이 있었지만, 이를테면 생명윤리나 사랑, 평화 혹은 인권과 같은 개념이 데미안의 상징 또는 전유물처럼 느껴질 수 있을 것 같은데요. 멋있어 보이면서도 끊임없이 진리를 추구하는 이상적인 존재인 것 처럼 그려지지만, 동시에 한편 악마적인 존재 같은 거요.

봄정환 　저는 종교적인 관점으로 바라보지 않았지만, 이렇게 차분하고 이성적인 어조로 본능을 추동시키는 화법이 사람을 좀 홀리게 하는 것 같아요. 프로파간다의 특징이고요. 종교적으로 들어가자면, 불교는 결국 가지고 있는 철학 자체가 '네가 부처가 되어라. 나를 숭배하지 말고' 잖아요.

곽아람 '모두가 부처가 될 수 있다'는 철학이죠.

봄정환 《요나단의 목소리》라는 만화가 있는데, 꼭 읽어 보시면 좋을 것 같아요.

곽아람 저도 그 만화 정말 좋아하지만, 승연 님은 싫어하실 수도 있어요. 교회 내 성소수자를 주제로 한 내용이에요.

배승연 저도 무슨 작품인지 알아요. 저도 교회 내 성소수자에 대해 관심이 있어요.

주영실 데미안이 흔한 이름인데, 악마(Demon)를 연상시키기 위해서 그렇게 지은 것도 같아요.

봄정환 《데미안》에 데몬이라는 단어가 책에 나오나요?

배승연 안 나와요. 단지 영화 〈오멘〉에 나오는 사탄 이름이 데미안이에요. 사탄 아이 이름이요. 그래서 데몬이라고 생각했어요. 거기서 남자하고 여자의 모습이 뒤틀려 나오는데, 성경에서 묘사된 사탄의 모습도 남성과 여성이 뒤틀려져 있어요. 그런 부분들이라던가, 사탄이 지혜가 있어 보인다든가 하는 부분이 우리가 속을 수 있는 악에 대해 묘사했다는 생각이 들었어요.

박서희　저는 에바 부인도 데미안처럼 유혹자이지 않을까, 생각했어요. 우선 데미안과 용모가 비슷하고, 싱클레어가 사랑에 빠지잖아요? 실제 일어났던 범죄를 재구성해서 보여주는 〈용감한 형사들〉이라는 TV 프로그램에서 소개하는 로맨스 스캠 사건이 생각나기도 했어요. 싱클레어가 '너무 보고 싶다' 했을 때 에바 부인은 정작 오지도, 구애를 받아주지도 않았잖아요? 데미안이 와서 '전쟁이 발발할 것 같다'고 소식을 알려주고는 흐지부지한 상태로 사라지잖아요.

봉정환　다들 그 셋을 다른 존재로 읽으셨나 봐요. 저는 데미안이나 에바 부인 모두 싱클레어의 투영이라고 생각했거든요.

배승연　두 가지 다 가능한 것 같아요. 결국에는 데미안과 에바 부인은 싱클레어가 끊임없이 동경하는 대상이잖아요. 일반적인 해석으로는 '자신을 찾아나가는 여정'으로 바라보는 경우가 많은데, 저는 그 부분도 일관성이 없다고 생각했어요. 처음에는 선함과 밝음에 대한 이야기를 하다가, 나중에는 앞뒤가 막 뒤섞이는 느낌이었어요. 데미안도 처음에는 절대 악에서 싱클레어를 구출해 주는 존재로 느껴지지만, 결국은 아니잖아요? 에바 부인도 마찬가지인 것 같아요. 뭐랄까, 헤르만 헤세는 오히려 '절대 악도 절대 선도 없다', '계속 앞뒤가 바뀔 수 있다'라는 주장을 하고 싶었던 게 아닐까, 생각했어요.

곽아람 말씀하신 것처럼 《데미안》이 안티크리스트적인 부분이 있죠. 기존 질서를 파괴하는 인물이니까요.

봉정환 대상은 다르지만 무슨 말씀인지 알 것 같아요. 나쁜 어른들이 아이들을 위로할 때도 굉장히 말랑말랑하고 화사한 말들을 교묘하게 하거든요.

주영실 신학 공부를 따로 많이 하시는 것 같아요.

배승연 그건 아닌데, 선교사라서….

주영실 가톨릭 선교사가 있는지 몰랐어요.

배승연 많아요. 선교회가 많은데, 외방선교회 같은 수도회 선교회가 있고, 평신도 선교회가 있어요. 저는 평신도 선교사입니다. 저희 선교회는 만들어진 지 30년이 넘었는데 한국에 들어온 건 20년이 좀 넘었어요. ICT라고 하는 선교회고 교황청의 인준을 받은 단체예요. 저희 한

국자구 선교사 리더가 신학교를 다니다 그만두신 분이에요. 그래서 신학이나 가톨릭 교리서를 가지고 선교사들한테 교육을 많이 해주셨어요. 그래서 제가 성경을 많이 보지도 않았음에도 불구하고 '가톨릭적이다, 또는 그렇지 않다'는 걸 구별하는 눈이 조금 생긴 것 같아요. 고등학교 시절에 《데미안》을 읽었을 때는 왜 불편한지 몰랐거든요. 단지 '성경 내용과 다르네. 이렇게 볼 수도 있나'라고 생각했어요. 포스트모더니즘 같은 것에 심취해 있던 때라 '그럴 수도 있지'라고 생각했지만, 마음 깊은 곳에서는 부침이나 충돌이 많았던 것 같아요.

봄정환 내용 중에 싱클레어가 데미안을 추앙하듯이, 싱클레어를 약간 추앙하는 인물이 잠깐 나오잖아요. 데미안이 정말 사탄이라고 가정한다면, 과거의 싱클레어가 데미안을 바라보는 시선으로 싱클레어를 바라봐주는 인물에게 싱클레어가 데미안과 비슷한 부정적인 영향을 주어야 하는 것 같아요.

배승연 그 부분도 정말 거슬렸지만 정말 인상적이기도 했던 부분이었어요. 예전에는 혼란스러운 부분들을 혼자 다 껴안고 이해하려고 하니 힘들었어요. 그런데 계속 교육을 받으면서 삶의 기준이 많이 정리가 된 것 같아요. 20대까지 사춘기를 겪는 것 같았는데, 내적인 충돌이 줄어들어서 지금은 '질풍노도의 시기가 지나갔다'는 생각이 들어요.

곽아람 사실 문학은 정답이 없고, 자신이 어떤 순간 또는 시기에 있느냐에 따라 다르게 읽히는 것이 가장 큰 매력 같습니다. 시간이 지나고 보면 또 다르게 읽히는 재미가 있으니까요. 《데미안》은 고등학교 시절에 의무적으로 읽으라니까 읽었는데, 내용도 어렵고 '도대체 무슨 이야기지'라는 생각이 들었어요. 하지만 내면적으로 방황을 하던 대학교 시절에 다시 읽었을 때는 '이런 이야기였구나', 했거든요. 30, 40대에 읽으니 또 다르게 보였어요. 저는 이 작품을 종교보다는 '내면의 투쟁'에 대한 이야기로 읽었습니다. 누구나 자신만의 투쟁이 있잖아요. 자신 안에 있는 싱클레어, 데미안, 크로머와 같은 측면들이 일으키는 내면의 갈등이나 유혹, 악에 대한 이야기라고 생각했어요. 예를 들면, 싱클레어가 남성이기에 에바 부인도 결국은 자신안의 여성성에 대한 것이 아닐까 했어요. 그래서 '내면의 갈등'에 대한 이야기라고 이해하고 읽었던 것 같습니다. 그리고 나이가 들어가면서 '자신을 어떻게 정의하느냐'에 따라 다르게 읽히는 것 같아요. 다양한 경험이 축적되면서 다르게 읽히는, 다층적인 작품이라는 생각이 들어서 저에게는 위로가 되는 작품이었던 것 같아요.

그때의 데미안, 지금의 데미안

한계를 뛰어넘는 순간은 죽음과 맞닿아 있다 (김태호)

소설 《데미안》을 처음 읽었을 때 난 스물네 살이었다. 남실바람이 마음을 간질이던 늦봄이 저물고 높아진 하늘에 뙤약볕이 기지개를 켜는 초여름이었다. 당시 나는 나름 만족스러운 학점을 받으며 대학교 3학년 1학기를 마무리했다. 그리고 학기를 마치던 날 짝사랑하던 S와 3개월가량의 성긴 연락을 정리했다. 그때나 지금이나 더위라면 질색해 여름 외출을 싫어하지만, 가슴에 뚫린 구멍을 애써 외면하고자 서울 여기저기 카페를 찾아다녔다. 토요일이면 학교 도서관에서 소설을 빌려 종로로, 경희궁길로, 을지로로 향했다. 그런데 데미안을 손에 쥐고 간 곳은 서울 강남구 지하철 선정릉역 인근이었다. 동대문구에 살던 내가 왜 강남으로 갔는지 이유는 생각나지 않는다. 다만 벽 한 면이 개폐식 창문으로 돼 창을 활짝 열어젖힌 곳에서 차가운 커피를 마시며 《데미안》을 읽은 기억이 남아 있다.

《데미안》 서술의 두 축은 주인공 싱클레어 내면의 혼돈, 싱클레어가 데미안을 꿈꾸는 심리, 2가지다. 책의 분량은 두 심리 상태 사이에서 균형추를 맞춘다. 하지만 읽는 이의 속내는 어느 한쪽에 기울기 마련이다. 내 딴은 싱클레어가 데미안을 바라는 마음에 젖어 들었다. 데미안은 나이보다 성숙한 외모에 신비로운 분위기를 자아내며 싱클레어 앞에 낀 먹구름을 걷어주기까지 한다. 그야말로 매력덩어리가 아닐 수 없다. 싱클레어에게 데미안은 형이요, 선생이요, 사모하는 이다. 그 감정은 지난봄에 내가 S에게 품었던 마음과 흡사했다. S는 확고한 취향을 가지면서도 내가 잡담할 때 눈을 맞추고 고개를 끄덕이는 다정함이 있었다. 말끝엔 사려가 묻어 나왔고 단어 사이사이 적당한 지식을 머금고 있었다. 서울의 맛집을 꿰뚫고 있었고 분위기 좋은 카페와 술집을 즐겨 찾았다. 돌연한 매혹을 풍기며 꼿꼿한 단아함을 지닌 S는 내게 데미안이었다. 물론, 결말은 앞서 말했듯이 짝사랑으로 끝났지만. 올해 1월 두 번째로 《데미안》을 읽을 때 어느 영화가 떠올랐다. 스탠리 큐브릭이 연출한 〈2001 스페이스 오디세이〉다. 이 영화에서 인류는 3번 종의 한계를 초월한다. 첫 번째 초월에서 인류는 도구 사용법을 습득한다. 두 번째 초월에 인류는 목성 바깥 우주 진출에 성공하며 인공지능을 뛰어넘는다. 마지막으로 인류는 새로운 인류로 탈바꿈한다. 영화 속 인류는 3번 알을 부순다. 《데미안》의 싱클레어도 3번 알을 부순다. 이야기 초반, 싱클레어는 데미안의 도움을 받아 크로머의 협박에 속박된 삶에서 탈출한다. 소설의 허리쯤, 으슥한 술집 골목을 전전하던 싱클레어는 데미안과 베아트리체를 희구하며 방황에서 벗어난다. 마지막으로 싱클레어는 죽음의 순간에 데미안이라는 그늘에서 빠져나온다. 《데미안》과 〈2001 스페이스 오디세이〉의 공통점은 인물이 스스로 한계를 뛰어넘는 순간이 죽음과 맞닿아 있다는 점이다. 번번이 데미안의 손에 이끌려 구원받던 싱클레어는 아이러니하게도 전화(戰火)에 휩쓸려 숨이 멎어갈 때 스스로 초월을 경험한다. 〈2001 스페이스 오디세이〉의 주인공 데이비드가 죽음을 맞이할 때 데이비드의 눈에 비친 것은 새로운 인류가 된 자신이다. 마지막 알을 깨는 순간은 곧 죽음이다. 죽어야 모든 것을 초월할 수 있다는 허무주의라고 생각하지는 않는다. 그보다는 우린 죽기 전까지 알을 깨기 위해 고군분투한다는 생리를 말하고 싶었으리라. "알 좀 깨요?" 《데미안》을 두 번째로 읽는다고 했을 때 지인이 물었다. "못 깨서 읽나 봅니다." 얼떨결에 대꾸했다. 맞는 말이다. S를 생각하며 《데미안》을 완독했지만, 마지막 책장을 덮은 후에도 난 수개월간 S에 대한 미련을 쥐고 있었다. 4년이 흘러 두 번째로 《데미안》을 읽었지만, 여전히 사랑은 어렵다. 어디 사랑뿐일까. 통장 잔고는 한숨이 나오고 인간관계는 머리를 지끈하게 만들며 일은 나를 미로 속에 떨어뜨린다. 나를 둘러싼 알껍데기가 계란 껍질처럼 연약하면 좋겠지만 실상은 석고처럼 단단하기 일쑤다. 어차피 책 한 권으로 깨질 알은 아니다. 그렇다면 숟가락으로 탈옥을 시도하는 죄수처럼 천천히 끈기 있게 긁어낼 수밖에. 내 지인은 시니컬한 말투로 나를 웃겼다. "흠 데미안 읽어서 깨질 알이면 전국 초등학생들 다 깼어야 하는 거 아닌가?"

곽아람 책을 정말 성실하게 읽으신 것이 드러나는 글인 것 같아요. 책의 구조를 분석하고 이야기를 만들어서, 그 안에서 본인의 경험과 잘 결합시킨 것 같아요. 굉장히 20대다운 풋풋함이 있는 글이라고 생각해요.

김태호 이번 글 주제가 '데미안과 나'였잖아요. 그러면 나 자신과 어떻게든 결부를 지어야 한다고 생각했습니다. 처음 이 책을 읽었을 때는 작중 인물인 데미안을 곧이곧대로 워너비, 우상, 아이돌, 이런 것들의 현신이라고 봤어요. 그래서 지금까지 살아오면서 제가 우상으로 삼았던 사람들에 대한 얘기를 써야겠다고 처음엔 생각했어요. 대학생 시절에 멋있다고 생각했던 형에 대해서 쓰려다가, '내가《데미안》을 언제 처음 읽었지?'라는 생각이 들었어요. 그러고 보니 그 형이 좋아하는 책이라고 추천을 해줘서《데미안》을 읽었더라고요. 이 책을 처음 읽을 때 제가 정말 좋아하던 S라는 누나가 있었는데, 연상이었어요.

곽아람   그분이 서울의 맛집을 다 꿰고 있으셨나요.

김태호   네, 서울의 맛집과 분위기 좋은 카페를 잘 알고 있는 분이었어요. 제가 그분에 대한 마음이 정리가 잘 안되어서 헤매고 있었을 때, 혼자 적적해서 이 책을 읽었어요. 어쩌면 좋아하는 마음의 한 부분은 그 분을 '우상'으로 여기는 마음이 있었던 것 같습니다.

봄정환   흠모하는 대상 같은 거였군요?

김태호   네, 약간 흠모하는.

주영실   에바 부인 같이.

김태호   네, 에바 부인처럼 실제로 연상이기도 했고, 무엇보다 그분은 저를 확실히 잘 알고 있었어요. 제가 철없는 소리를 해도 잘 이해해 주던 기억이 아직 남아 있어서, 그런 이야기를 솔직하게 써보고 싶었어요.

곽아람   S랑 아직도 연락해요?

김태호   아니요. (웃음)

봄정환   저는 '성긴 연락'이라는 표현이 정말 서정적이었어요. '성긴 연락'에 동그라미.

<u>곽아람</u>　청춘의 풋풋함 같은 것들이 느껴져서 좋았어요.

<u>배승연</u>　태호 님의 글은 뭔가 잘 다린 와이셔츠나 식탁보 같은 느낌이 들어요.

<u>박서희</u>　개인적으로 '죽기 전까지 알을 깨기 위해 고군분투한다는 생'이라는 부분이 제일 인상적이었어요. '우리가 다 알을 깨자', 이런 의도를 가지고 있었다고 하기보다는 작가 본인도 그냥 삶에 관한 이야기를 하고 싶었던 게 아닐까 생각했어요. 호전적이거나 내면적으로 들끓는 느낌이 아니라 묵묵한 느낌으로, 주어진 생 안에서 무언가를 계속 찾아 나가는 과정이 인생이 아닐까 생각했어요.

<u>곽아람</u>　'아이돌'이라는 시각도 재미있었어요. 저는 그렇게 생각해 본 적이 없거든요. 살면서 싱클레어에게 데미안의 존재처럼 닮고 싶은 사람을 만나본 적이 없어서인 것 같아요. 청소년기에 보통 연예인을 좋아하고 그러는데, 저는 그래본 적이 없어요. 누군가를 흠모하고, 그 사람처럼 되고 싶다는 감정을 겪어본 적이 없어서, 그런 심리가 재미있다고 생각했습니다.

봄정환 연예인은 아니더라도, 동경하는 작가는 없었나요?

곽아람 좋아하는 작가는 있지만 약간 다른 것 같아요. 닮고 싶어 하는 형이나 아이돌, 같은 사람은 가까이 있는 느낌이잖아요. 그런데 작가는 아무리 해도 내가 그 사람들처럼 될 수 없다는 생각이 들거든요. 일단 저는 영상에 차단된 어린 시절을 보냈어요. 그런 집 있잖아요. 어린이 TV 프로그램도 하루에 하나만 보여주는 집이요. 당시에 〈느낌〉이라는 드라마가 인기가 정말 많았는데, 저는 그걸 못 봐서 대화에 낄 수가 없었어요. 그리고 친구들이 연예인 사진을 인쇄해서 책받침을 만들어서 나누어 주기도 했거든요. 제가 "이 사람 누구야.", 그랬더니, "너 최진실 몰라?"라고 하더라고요. 물론 덕질은 조금 다르긴 한 것 같아요. 저도 약간 오타쿠적인 측면이 있어서 70년대 그리고 80년대 아동 도서를 수집했었거든요.

주영실 저는 충분히 이해가 갑니다. 저도 그랬어요. 대신 저는 전인적으로는 아니더라도 학교나 직장에서 닮고 싶은 존재들은 꽤 있었던 것 같아요. 아이돌과는 다를지도 모르지만, 어쨌든 데미안 같은 인상을 주는 사람들은 있었어요.

봄정환   좋아하는 표현은 아니지만, 요즘 말로 '멘토' 비슷한 거네요?

주영실   맞아요. 멘토, 우상, 닮고 싶은 롤모델 같은 사람들이요.

곽아람   그냥 멋지다고 생각하는 사람들은 있었던 것 같아요. 그런데 태호 님은 오히려 연애 감정과 비슷한, 팬심에 가까운, 그런 마음인 것 같아요.

박서희   이건 정말 다른 이야기처럼 느끼실 수 있는데, 연예인에 관한 얘기가 나와서 갑자기 떠올라서요. 제가 견자단을 정말 싫어하거든요. 홍콩 배우인데, 제가 그렇게 생긴 얼굴을 안 좋아해요. 이 배우가 사생활이 이상하다거나 구설수에 오른 것도 아닌데 그냥 싫은 거예요. 어렸을 때 봤던 드라마 중에 〈정무문〉이라고 있었는데, 기억 속에서 주인공이 부드럽게 잘 생겼던 걸로 기억해서 찾아봤는데, 바로 견자단인 거예요! 그때 정말 깜짝 놀랐어요. 내 기억이 이렇게 다를 수가 있나? 완전히 다른 사람이라고 기억했거든요. 데미안에 대해서도 비슷한 느낌을 받았어요. 제가 초등학교 때 처음 《데미안》을 읽었거든요.

배승연   이해가 됐어요?

박서희　그때는 《데미안》을 읽었다기보다는 그냥 활자를 본 거였어요. 초등학교 2학년 올라갈 무렵이었거든요. 그 당시에는 교실 책장에 꽂혀 있는 세계 명작 한 권 한 권을 다 읽고 싶었거든요. 순서대로 꺼내 보고 있었는데, 담임선생님이 《데미안》을 읽는 저를 보시고는 '서희가 이제 《데미안》을 읽는구나. 어려울 텐데'라고 하시고 가셨어요. 저는 '얼마나 어려운지 내가 한번 읽어보겠다' 했죠. 물론 이해는 하나도 못 했지만요. 어렴풋이 제 뇌리에 남아있던 기억은 데미안이 돈을 뺏긴 주인공에게 멋있게 나타나 구해주고, 전쟁 때에도 아파서 누워 있으니 좋은 말도 해주는, 그런 멋있는 이미지였어요. 잘 이해하지는 못했지만 우상 같고, 닮고 싶고, 일종의 연예인 같은 이미지였던 것 같아요. 그런데 이번 기회에 다시 이 책을 읽으면서 알게 된 건 데미안이 무조건 옳은 소리를 하는 사람이 아니라는 거였어요. 오히려 주인공에게 계속 혼란을 가중시키는 인물이라는 생각이 들었어요. 크로머에게서 구해준 건 맞지만, 데미안도 모범적인 세계에서는 조금 벗어난 인물이잖아요. 그런 모습을 보면서 내가 가지고 있던 단편적인 기억들과 많은 차이가 난다는 생각을 했어요.

배승연　저는 13세나 17세나 지금이나, 재밌게 읽히지 않은 건 똑같아요. 일관되게 '왜 재밌지 않았을까'라는 부분도 이유가 똑같아서인지, 초등학교 때 읽었던 인상이 크게 남아 있지는 않아요. 그런데 서희 님은 그때와 지금이 다르다고 하셨는데, 어떤 부분이 가장 인상적이었는지 그리고 마음에 남았는지 궁금해요.

박서희 어렸을 때는 데미안이 상당히 교훈적인 존재, 즉 옳은 정답을 제시해 주는 정답지 같은 존재, 흠잡을 데 없는 존재라고 생각했어요. 지금은 정답을 제시하는 사람이라기보다 오히려 주인공에게 계속 질문을 던지고 혼란을 일으키는 존재에 더 가까운 것 같은 느낌이 들어요. 특히 전쟁 장면에서 누워 있는 싱클레어에게 '이제 나는 네 곁에서 사라질 거야'라고 하지만, 명확하게 어떤 문제를 해결해 주는 것도 없잖아요. 그런 점에서, 내가 기억하는 '완전무결의 존재'는 잘못되었다는 생각이 들었어요. 9세였던 저는 선악 구도가 명징한 만화 영화만 봤었으니까요. 아마도 그런 주인공의 모습으로 기억하고 있었지만, 사실은 데미안은 그런 인물이 아니었어요.

곽아람 '전쟁'이라는 키워드도 이 책에서 굉장히 중요하다고 생각해요. 헤세가 이 소설을 출간한 게 1차 대전을 겪고 난 직후일 거예요. 전쟁이라는 상황 속에서는 모든 기존 질서가 뒤엎어지고 '선과 악'이 혼재되어 있잖아요. 이 때문에 '인간이란 무엇인가'에 대해 고민한 책이라고 생각해요. 예를 들면, 사람을 죽이는 것은 '악'이라고 생각하지만, 전쟁에서는 그 명제 자체가 뒤집히니까요. 누구나 적을 죽여야만 하는 상태에서 느끼는 '인간성'에 대한 내면의 혼란 같은 것들이 책 내용과 많이 겹친다고 생각했어요.

봄정환 출판 당시의 시대적인 배경이 1차 대전 이후니까 죽음, 멸망, 종말로 한 시대가 닫히는 걸로 느꼈어요. 마지막에 싱클레어가 데미안과 이별 아닌 이별을 하잖아요. 이 결말이 하나의 세계가 끝나는 것이 아닐지 생각했어요.

주영실 전쟁이 인간의 존엄성, 신의 위대함과 같은 기존의 가치관을 한 번에 뒤엎을 수 있는 굉장한 사건이잖아요. 사람들이 허무감이나 좌절을 느끼니까요. 제가 알기로는 이 책이 전쟁 중에도 쓰였던 것 같은데, 아마 헤세도 전쟁을 겪고 나서는 '이 부분은 손을 봐야겠다'고 생각한 부분이 있을 것 같다는 생각이 들었어요. 아마 이런 배경 때문에 읽고 나서 '뭐야, 이러라는 거야, 저러라는 거야', 이런 느낌이 드는 게 아닌가, 생각했어요.

봄정환 마지막 즈음에 나오는 "그림자 하나가 우리 위에 드리워졌던 것이다.", 이것도 전쟁에 대한 메타포인가 했어요. "그 어떤 새로운 것도 죽음 없이 오지는 않아."라는 대사나 "새로 태어나기 위해 광분하여 죽이고 말살하고 죽으려는 영혼의 발산이었다. 거대한 새가 아래서 나오려고 투쟁하고 있었다. 알은 세계였고 세계는 짓부수어져야 했다."*는 부분들이 모두 결국은 멸망 그러니까 죽음을 선고하고 한 세계가 파괴되는 결말을 내주었다고 생각했어요.

주영실 만약 전쟁을 겪지 않았더라면 소설의 결말이 달라지지 않았을까요. 데미안이 완전히 떠난 것처럼 결말이 맺어졌는데, 전쟁만이 이런 존재와 이별시킬 수 있다는 의미 같기도 해요. 전쟁이 아니었다면 계속 나타나거나, 다른 계기로 데미안과 헤어졌을 수도 있을 것 같아요.

봄정환 저도 비슷한 생각을 했어요. 전쟁이 막상 내가 사는 현실 세계에서 벌어지니까, 글 속에 반영이 된 것 같아요.

곽아람 근데 저는 이 소설의 결말을 데미안과의 결별이 아닌 오히려 하나가 되는 것이라고 생각했어요. 더 아래로 내려가면 항상 데미안이 있다는 식으로 끝나니까요. 물리적으로는 헤어진 것이 맞지만 실제적으로는 '나'가 되어, 하나가 되어 버리는 과정이라고 이해했던 것 같아요.

배승연 신약 성경에서 '영적 전쟁'에 대한 구절이 있어요.

*   헤르만 헤세, 데미안, 전영애 옮김, 민음사, 2000, 205-206p

'나, 너, 전쟁'이라는 시각으로 바라봤을 때 인상적인 부분이 있었어요. 싱클레어는 데미안과 가까워질수록 '내가 나'를 사랑할 수 없었고, 그 다음엔 다른 사람들이 '나'를 사랑하지 못했다고 했어요. 전 그게 신자가 하느님과 등을 졌을 때 느끼는 대표적인 모습이라고 느꼈어요. 가톨릭에서는 어둠이나 사탄과의 영적 싸움에서, '내'가 아니라 하느님이 대신 싸워주신다고 바라봐요. 헤르만 헤세는 자신에게 주입되었던 가톨릭적인 진리와 세계관을 비롯한 모든 고리타분한 것들과 외롭게 고군분투하며 싸워나간다는 걸 표현하고 싶었던 게 아닐까 했어요. '알'을 깨고자 했던 것도 저는 가톨릭에서 말하는 계명을 깨고 그 틀에서 벗어나야 한다는 의미로 읽었어요. 마지막에 싱클레어가 이렇게 '하나'가 된다고 했던 것도, 가톨릭에서 말하는 진리와 더 이상 싸워나갈 필요가 없을 정도로 헤르만 헤세가 말하고 싶었던 부분이 내재화된 것 같았어요. 때문에 제 입장에서는 이 책이 완벽하게 하느님과 멀어지는 한 인간의 모습으로 보였어요.

곽아람　같은 책을 읽으면서도 감상이 이렇게나 다를 수 있다는 걸 느끼게 해준 모임이었던 것 같아요. 앞으로도 책에 관한 기탄없는 감상들이 이 모임의 대화를 채울 것 같아서 기대가 됩니다. 첫 모임 고생하셨고, 그럼 다음 모임에서 뵙겠습니다.

2장

금각사와 나

금각사는 기괴하고 아름다운 소설이다. 내용 자체도 병든 인간이 추구하는 아름다움에 관한 이야기이다. 미시마 유키오의 작품을 이해하는 데 가장 중요한 두 가지 키워드는 '아름다움'과 '민족주의'이다. 특히 이 소설은 '아름다움'이 중점이 되는 이야기인데, 금각을 '미의 결정체'로 인식하고, 금각을 어떻게 대하느냐에 대한 이야기이기 때문이다.

미시마 유키오

미시마 유키오(1925~1970)는 일본의 소설가, 극작가, 수필가, 평론가다. 전후의 일본 문학계를 대표하는 작가 중 한 명이며, 노벨문학상에 세 번이나 노미네이트될 정도로 천재 작가였지만, 일본 군국주의의 부활을 외치는 극우 작가이기도 했다. 일본인으로서 국제 방송된 텔레비전 방송에 최초로 출연한 일본인이기도 한데, 그만큼 20세기 일본의 최고의 스타 작가였다. 1970년 40대 중반의 나이로 일본의 헌법 개정과 자위대의 궐기를 주장하며 인질극을 벌이다 할복자살로 생을 마감한다.

금각사

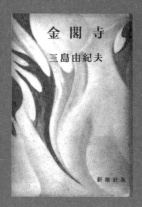

초판 표지

소설《금각사》는 일본 전후 문학의 대표작가 미시마 유키오가 1956년에 쓴 소설이다. 이 소설은 미시마 유키오의 대표적인 탐미주의 소설로 언급되는 작품이다. 절대적인 미라고 여겨지는 금각에 대한 주인공의 집착과 질투의 결말을 그린 내용에서 '미'에 관한 미시마 유키오의 의식을 느낄 수 있다. 미시마 유키오는 이 소설로 1957년 1월 제8회 요미우리 문학상을 수상한다.

금각사의 특이한 인물들

곽아람 《금각사》라는 소설은 굉장히 특이한 소설입니다. 쉽게 접하지 못하는 기괴한 세계에 접하고 있는 소설이죠. 미시마 유키오는 일본을 대표하는 탐미주의 작가입니다. 군국주의의 부활을 외치고 자위대를 선동하려다 실패하고 할복자살을 했어요. 자신의 근육을 보여주는 사진집을 낼 정도의 '육체남'이기도 했습니다. 하지만 일본문학사에서는 손에 꼽히는 천재작가로 불립니다. 《금각사》는 미시마 유키오가 일본 패전 직후인 1950년대 중반에 쓴 작품이에요. 절대적인 미라고 여겨지는 금각에 대한 한 남자의 집착과 질투의 결말을 그린 내용입니다. 특이한 이 소설에 대한 여러분의 첫인상이 정말 궁금하네요. 모두 이 책을 처음 읽으신 걸까요?

봄정환 저는 20대 때 읽고 17년 만에 읽었어요. 제가 책을 좀 더럽게 보는 편이라 메모나 밑줄이 많아 다시 사봤습니다. 예전 메모나 밑줄과 얼마나 다를지 제 관점이 어떻게 변했나 궁금했거든요. 결론은 또 한번 이 책에 '항복 당했다'란 느낌이었습니다. 처음엔 좀 냉소적으로 보는가 싶더니.

곽아람 왜요?

봄정환 등장인물들이 다 환자 같아서요. 사실 모든 문학 속 인물들을 현 시점의 가치나 기준으로 재단하면 안되지만, 득도라도 한 양 떠드는 이들의 사고체계나 말들이 좀 거슬리더라고요. 하지만 작가에게, 그리고 주인공에게 결과적으로 항복당한 이유는, 그럼에도 불구하고 '굉장히 뜨거운 인간'이라는 생각이 들었기 때문이에요. 17년 전에 주인공 미조구치에게 느꼈던 온도를 오늘날의 제가 다시 느낀다는 점에 첫 번째로 놀랐습니다. 카뮈의 《이방인》에 나오는 뫼르소가 문제적 인간이라면, 미시마 유키오의 《금각사》에서의 미조구치는 저에게 굉장히 뜨거운 인간으로 느껴졌었거든요.

곽아람 온도라는 말이 정말 좋네요.

봄정환 저만 열일곱 살이나 나이를 더 먹고 관조적이고 비판적인 시선으로 바라보다가, 읽다 보니 예전 기억이 스멀스멀 올라오는 것 같았어요.

곽아람 책 속의 인물들은 자라지 않으니까요.

봄정환 이전보다 더 잘 보이고 그런 건 없었는데, 주인공 친구로 나오는 가시와기 있잖아요. 그 친구 보면서는 제 시선이 바뀐 걸 알았어요. 모든 걸 다 알고 달관한 척하다가 돈 애기 나오니 햄릿 대사나 치는 것도 웃겼고요. 이 친구가 말하는 미에 대한 견해 같은 것도 예전엔 '아!' 하는 탄복도 있었다면 이제는 궤변처럼 들리더라고요. 스스로 이런 시선변화를 감각하는 묘미가 있었어요. 모처럼 깊게 들어가 읽게 된 밀도 높은 독서였어요. 좋았습니다.

곽아람 　보람 님은 어땠나요?

김보람 　제가 느낀 이 작품에 대한 첫 인상은 그냥 우울함, 어두운 음습함이었던 것 같아요. 저는 《금각사》를 읽지 않은 상태에서 실제 일본에 있는 금각사도 여러 번 갔었어요. 미시마 유키오의 광팬이시고 니체에 대한 책을 여러 권 쓰신 분과 교류가 있었거든요.

봄정환 　실례지만 누구신지 여쭤 봐도 될까요?

김보람 　일본 기업가세요. 그래서 미시마 유키오에 대한 이야기를 좀 들었어요. 작가에 대한 이미지가 광기가 있고 극단적이라 가까이 하고 싶지 않은 느낌이었어요. 그런데 책을 보면서 '그런 사람의 책도 이렇게 섬세할 수가 있구나'하는 반전의 느낌이 있었어요. 물론 제가 좋아하는 취향은 아니었지만요.

곽아람 　취향은 어느 쪽이에요?

김보람　사실 소설이 제 취향이 아니라서. (웃음) 그냥 사회과학책이나 다큐 소설 같은 건조한 걸 좋아해요.

곽아람　이 책은 너무 관념적인 측면이 있죠. 서희 님은 어떠셨나요?

박서희　저도 이 책을 처음 읽었는데, 작가에 대해 잘못 알고 있었더라고요. 배우로 알고 있었거든요. 그런데 《설국》 작가인 가와바타 야스나리가 미시마 유키오가 자살하고 나서 충격을 받고 자살했다는 이야기를 듣고서, '그 사람이 배우가 아니라 작가였구나' 했어요. 작가의 실제 외모가 문체와의 괴리가 크다 보니 내심 놀라기는 했어요. 전반적으로 섬세하고 예민한 감성이 아름답게 느껴져서 책에 대한 인상 자체는 좋았던 것 같아요.

곽아람　예술을 하시니까 더 그런 느낌이 있으셨나 봐요.

박서희　좋은 느낌과는 별개로 전반적으로 깔린 주인공의 '중2병' 느낌이 약간 거북하긴 했어요. 하지만 뭔가 스멀스멀 올라오는 불쾌감을 문장력이 압도하는 느낌이라고나 할까요. 전반적으로 정말 좋았어요.

곽아람　주인공은 마음에 들었나요?

박서희 　아니요. 말을 더듬고 추남인 것에 대한 콤플렉스가 있다는 걸 처음부터 전제로 하고 시작하잖아요. 저는 자꾸만 아는 사람이 생각났어요. '그 사람이라면 이렇게 생각했겠다' 싶었고, 남들이 자신을 이해하지 않았으면 하는 부분이 정말 같았던 것 같아요. 그것 때문에 약간 방해가 되는 부분이 있었어요.

곽아람 　소설 속 인물이 튀어나온 것처럼요. 그렇게 되는 것이죠.

박서희 　맞아요.

곽아람 　승연 님은요?

배승연 　솔직히 《데미안》은 종교적인 이야기이다 보니 화도 나고 읽기가 싫었었는데, 이 소설은 호감이 가는 내용은 아니었지만 재미있었어요.

곽아람 　정말요? 어떤 면이 재밌었어요?

배승연 　주인공이 정상 범주에 있는 사람이 아니라 이상 심리를 가진 사람이잖아요. 그래서인지 그 사람의 행동이 '옳다, 그르다'를 떠나서 그 사람의 말에 집중하게 되었어요. 유려한 문체로 배경이 머리에서 펼쳐지는 것 같앉어요. 읽는 속도가 붙으면서는 문장 하나하나 '말맛'이 있어서 머물게 되더라고요. 번역도 정말 잘 된 것 같아요. 주인공이 본인이 가지지 못한 '아름다움에 대한 동경과 갈망 그리고 집착', 그리고 반대급부로 이 모든 것들에 대해 마치 미련이 없는 것처럼 대하는 마음도 인상적이었어요. 이 부딪히는 두 마음을 표현하기 위해서 인물들의 모순되는 말들을 일부러 둔 것 같은 느낌도 들었어요. 아름다움의 영원성에 대한 이야기도 재미있었어요. 아버지가 '아름다움이 변할 것'이라고 말한 것과 다르게 전쟁이 지나고도 변하지 않고 남아있었지만, 결국 자신의 손으로 태워버릴 수밖에 없는 부분에 대한 심리 묘사도 좋았어요. 소멸과 죽음 앞에서 자신은 생을 계속 이어나간다고 하는 부분들에 대한 심리는 공감이 되지는 않았지만, 이렇게도 제가 몰입을 하는 건 작가의 힘이 아닐지 생각했어요. 책을 다 읽고 나서 작가에 대해서 찾아보고서 '역시 내가 공감할 수 있는 일반적인 사람은 아니었구나' 생각했어요. 작가도, 주인공도 상처투정이의 인간이라는 생각이 들었어요. 본인의 상처와 고통의 반대 선상에 있는 아름다움을 계속 갈망하고 갈취하고 싶었던 건 아닐까하는 생각이 들었어요.

<u>곽아람</u>   오늘 정말 국어 선생님처럼 강의를 해주시는 느낌을 받았습니다. (웃음) 그럼 태호 님, 처음 읽으셨던 걸까요?

김태호 네, 처음 읽어 봤어요. 저는 책의 처음과 마지막 부분이 인상적이었어요. 제가 가진 번역본으로는 "어려서부터 아버지는 나에게 자주 금각에 관한 이야기를 들려주었다."* 첫 문장에서 확 끌리는 소설들이 있잖아요. 카뮈 《이방인》이 "오늘 엄마가 죽었다."** 그리고 그다음에 《설국》에서….

곽아람 "국경의 긴 터널을 빠져나오자 설국이었다."

김태호 맞아요. 그런 것처럼 첫 문장이 저를 사로잡았고, 마지막 부분도 '생을 마감해야지, 마감해야지' 했는데, 결국 방화를 하고서는 다시 삶의 의지를 되찾는 모습도 인상 깊었어요. 그리고 문장이 좋았던 것 같아요. 외국 소설을 읽을 때마다 번역의 문제인지는 잘 모르겠지만 내용이 잘 들어오지는 않아요. 하지만 내용이 아니라 문장을 분절해서 보면 정말 문장이 인상 깊었습니다.

곽아람 저는 이 소설을 고등학교 때 처음 읽었어요. 그냥 아버지의 서재에 있던 책이었는데, 그 당시에는 세로쓰기로 되어 있었어요. 삼중당이었나요?

봄정환 삼중당 문고요.

* 미시마 유키오, 금각사, 허호 옮김, 웅진지식하우스, 2017, 8p
** 알베르 카뮈, 이방인, 김화영 옮김, 민음사, 2019, 9p

곽아람 맞아요. 책에 누가 줄을 많이 쳐놨는데, 알고 보니 저희 어머니가 대학교 때 보던 책이라고 하더라고요. 왜 그런 느낌이 있잖아요, 가을인지 겨울인지, 나른한 오후 햇살이 들어오는 곳에서 밑줄이 그어진 문장들을 읽었던 거죠. 그걸 보고 저도 '이 책을 읽어봐야지' 했던 것 같아요. 그렇게 한 번 읽었고, 뭔가 묘하고 이미지를 그리기에 좋은 책이잖아요. 전체적으로 금각의 이미지가 커다랗게 지배를 하고 있어서, 그 이미지를 그릴 수 있는 심상이 좋았던 것 같아요. 금각사에는 물론 나중에 가보겠지만, 가보지 않아도 또렷하게 그려지는 그 느낌이 좋아서 사랑하게 되는 소설인 것 같아요. 그리고 병을 앓는 이라는 이야기가 10대 기질에 잘 맞았던 것 같아요. 질풍노도의 시기에는 스스로 '나는 약간 병든 인간이 아닐까'하고 생각할 때 있잖아요. 마음의 상처가 있고 약간 삐뚤어진 주인공과 나를 동일시하고 좋아하게 되잖아요. 이 책에서 가장 멋있게 나오는 사람은 '쓰루카와'인 것 같아요. 주인공은 미에 대한 동경이 정말 강한 사람이었죠. 멋있지 않았지만요. 저에게는 '굉장한 아름다움이란 무엇인가' 생각해 볼 수 있었고, 강력한 인상을 주었던 책이었는데 생각보다 읽은 사람이 많지 않았어요. 그래서 이번 모임에서 함께 읽으면 좋겠다는 생각이 들었어요. 다른 분들이 이 책을 읽으면 어떻게 느낄까 궁금했거든요. '히라노 게이치로'라는 일본 소설가가 있잖아요. 지금은 나이가 많지만,《일식》으로 아쿠

타가와 상을 최연소로 수상했어요. 문단에서 주목받는 젊은 작가였죠. 최근에 《본심》이라는 신작이 나왔어요. 이 작가가 처음 등장했을 때는 '미시마 유키오의 재림'이라고도 했습니다. 초기작인 《일식》을 보면 의고체 문장을 써서 읽기는 굉장히 힘들어요. 물론 문체를 보면 어디서 영향을 받았는지는 알 수 있죠. 그 정도로 미시마 유키오는 일본 문학사에서 의미가 있는 인물입니다.

주영실　저는 사실 일본 소설을 사실 좋아하지 않아요. 조금 어둡고 음산하고, 신비적이고 미신적인 느낌이라던가, 할복자살 같은 문화도 이해가 안 됐거든요. 그런데 이 소설을 읽고 《데미안》과 비슷한 소설인가 싶었어요.

곽아람　오! 어떤 면에서요?

주영실　어떻게 보면 성장 소설로 분류를 할 수 있을 것 같았어요. 두 세계에서 주인공이 끊임없이 싸우고 있는 것 같은 느낌이 들었거든요. 과연 '어떤 것이 선이고, 어떤 것이 악일까?' 생각하게 만들고, 중간에 '과연 악은 존재하는가?' 이런 주인공 독백도 나왔던 것 같고요. 굉장히 몰입해서 읽게 되더라고요. 문장이 유려하기 때문인 것 같아요. 심리묘사에서 '이게 무슨 말일까'하고 끌려가는 느낌을 받았어요. 노벨문학상에 세 번이나 후보로 올랐는데 왜 못 받았을까 생각을 할 정도로요.

경계에서 쓰는 글

미문 다이어트 (김태호)

미문을 탐하기 시작한 건 스물세 살 무렵이다. 당시 군 전역을 3개월 앞두고 무료함에 허덕이던 나는 평일 낮마다 부대 도서관을 찾았다. 내가 속한 수원시에 있는 공군 비행단은 규모가 제법 커 도서관이 있었다. 나름 내부도 신식으로 리모델링했고 책도 000 총류에서 900 역사까지 두루 갖춘 곳이었다.

시계가 유달리 느리게 가던 말년병장은 부서 간부들에게 자격증 공부할 책을 빌리러 가겠노라 말하곤 유유히 소설책 구경에 나섰다. 주로 무라카미 하루키의 소설을 빌렸다. 생활관 침대에 엎드려《노르웨이의 숲》을,《해변의 카프카》를,《댄스 댄스 댄스》를 읽었다. '하루키 소설 속 의뭉스러운 남자 주인공들이 어떻게 여러 여자와 잠자리를 수월하게 가지는지'에 대한 의문스러움을 뒤로한 채 나는 점차 글에 배인 맛을 탐닉했다. 하루키 특유의 건조한 문장과 신비로움이 감도는 문체에 빠져든 것이다.

군 복무를 마치고 대학 캠퍼스에 돌아왔다. 스무살, 네이버 지식백과를 긁어 겨우 과제를 완성하던 나는 스물세 살, 책과 논문을 뒤지고 인용을 붙이며 대학생의 구실을 해냈다. 글쓰기에도 흥미가 들어 보고서를 작성하는 날이면 새벽까지 졸린 줄도 모르고 타자를 두들겼다. 이따금 교수님에게 '글 잘 썼다'는 칭찬을 받은 날엔 잠자리에 들기 전까지 남몰래 부푼 가슴을 안았다.

스물네 살, 겉멋이 들었다. 영화평론과 문학평론을 즐겨 읽었다. 쉬는 날이면 혼자서 영화 비평을 짧게 쓰기도 했다. 어렵고 추상적인 문어체를 선호했다. '사실' 대신 '기실'을, '나타나다' 대신 '현현하다'를 사용했다. 유아인의 인스타그램 글을, 유시민의 '항소이유서'를 좋아했다. 실제론 뜻도 잘 몰랐다. 그해, 빨간 안경을 쓴 영화평론가의 영화 〈기생충〉 한 줄 평이 논란이 됐다. 난 한 줄 평에 쓰인 '명징하다'의 뜻을 아이폰 메모장에 기록했다. "저널리즘에서 좋은 글은 중학생이 이해할 수 있도록 눈높이를 맞춘 글입니다." 전공 교수의 말씀, 코웃음을 쳤다.

"태호야 넌 글을 잘 쓰는데 네 글은 좀 어려워. 진입 문턱이 있달까…" 친구들의 말, 어깨가 으쓱했다. 잘 알지도 못하는 어려운 내용을 어려운 말로 쓰고 싶었다. 동시에 어려운 내용을 수려하게 쓰는 또래를 보면 질투를 느꼈다.

미시마 유키오의 《금각사》에서 주인공 미조구치는 금각을 탐닉한다. 주인공의 아버지가 어린 미조구치에게 자주 금각에 관한 이야기를 들려주면서 미조구치는 줄곧 금각을 상상한다. 미조구치는 외모와 언어 능력에 콤플렉스가 있다. 그는 자신에게 없는 아름다움을 거머쥐길 바라며 금각을 꿈꾼다. 그러나 소년 시절 미조구치는 실제 금각을 처음 보고선 실망한다. 그는 이렇게 말한다. "아무런 감동도 일지 않았다. 그것은 낡고 거무튀튀하며 초라한 3층 건물에 지나지 않았다." 이후 미조구치에게 금각은 실제보다 더 아름다운 환영으로 나타나고 아름다움을 향한 그의 집착은 광기로 변한다. 미를 향한 미조구치의 광기는 직접 금각을 불태우며 해갈된다.

미문을 향한 나의 탐닉이 꺾인 건 스물다섯 살. 순전히 내 의지만은 아니었다. 사건은 〈씨네21〉 송경원 기자의 영화평론 글쓰기 수업에 참여하면서 시작됐다. 어려운 영화를 어렵게 풀이해 수려한 글로 옮기는 스킬을 배우리라 기대하고 등록한 수업이었다. 그러나 송 기자의 가르침은 내 예상을 한참이나 빗겨나갔다. "좋은 글의 제1조건은 글쓴이 머릿속에 있는 것을 그대로 글로 옮기는 것입니다. 너무 어려운 단어나 과한 미사여구는 군더더기예요." '아니, 영화평론가가 글을 쉽게 쓰라 한다고?' 미문의 환영에 불티가 튀었다. 실체가 없는 금각의 환영이 미조구치를 괴롭히듯, 실속 없이 외형에만 공들인 글이 나 자신의 글쓰기를 한계에 가두고 있었다.

이후 대중을 상대로 글 쓰는 업을 해야겠다 마음먹고 글쓰기의 습관을 바꿨다. 다이어트를 하듯 실속은 채우고 허세를 줄이려 노력했다. 권석천, 김윤

덕, 김원장, 손석희의 문장을 지향점으로 세우고 공부했다. 기자 일을 시작하고서도 마찬가지다. "리드 짧게 쳐서 수정해." "야 글에 힘 좀 빼라." 허영심이 고개를 들 때면 선배들의 빨간 펜이 사정없이 내리친다. 그래도 자의 30, 타의 70의 혹독한 글쓰기 다이어트가 헛되지만은 않은 모양이다. "네 글은 잘 읽혀." 회식 때 나온 팀장의 한마디. 이날 오랜만에 부푼 가슴을 안고 잠자리에 들었다.

곽아람 유아인 인스타그램. 저 여기서 빵 터졌어요. 우리 모두 그런 과정을 겪잖아요. 자의식이 과잉되어서, 치렁치렁한 것들이 아름답고 생각하는 시기가 있잖아요. 그런데 태호 님이 그런 시기를 지나 훈련의 과정을 지나고 글 쓰는 직업인으로 변화하는 과정이 나타난 글이어서 정말 좋았어요.

김보람 저는 소설을 읽었을 때보다 훨씬 감동을 받았어요. 어떻게 보면 어렵게 쓰는 걸 탐닉하고, 아름다움이라고 생각하셨을 수 있잖아요. 하지만 다이어트 과정을 거쳐서 지금은 잘 읽히는 쉬운 글을 쓰시게 되잖아요. 그러면서 뭔가 본인만의 금각을 태운 과정이 있지 않았을까 생각했어요. 그런 부분도 여쭈어 보고 싶었어요.

김태호 미조구치는 금각의 환영에 갇혀 있다가 본인이

금각을 태워버려야 그 강박에서 벗어날 수 있다고 생각했잖아요. 하지만 저는 그 강박에서 벗어날 방법은 전혀 생각하지 못했어요. 대신 싱클레어한테 데미안이 있는 것처럼 항상 동경하는 선생님들이 있었어요. 〈씨네21〉 송경원 기자님도 그중에 한 분이에요. 좋아하는 영화 평론가께서 어려운 글을 쓸 필요는 없다고 말씀해 주셨어요. 좋은 글이 어떤 것인지도 알려주시고요. 어떻게 보면 남이 불씨를 태워준 과정이 있었어요.

봄정환 영화평 얘기하시니까 정성일 평론가 글이 떠오르네요. 독보적으로 어렵게 쓰시지만 매력적인. 글쓰는 누구나 뭔가 좀 달라 보이는 단어를 쓰고 싶고 그렇죠. 그런 허영심이 동력이기도 하니까요. 마지막 '부푼 가슴을 안고' 주무셨단 부분이 특히 좋았습니다.

주영실 어제 남편과 이야기를 했는데, 책을 읽으면 마음이 조금 푸근해지고 골치 아픈 일상 문제에서 조금 벗어난 느낌이 든다고 하더라고요. 그런데 태호 님 글이 그런 것 같아요. 과연 '글의 기능이 무엇일까. 읽고 기분이 좋아지는 게 글이 아닐까' 그런 생각을 했어요. 의사라는 직업에서 은퇴할 때가 꽤 가까워졌는데도 요즘도 자주 현장에서 이런 생각을 할 때가 있어요. '좋은 의사란 뭘까, 환자 마음을 편하게 해주는 것 아니면 최소한 의사로서 실수를 하지 않아서 환자의 생명과 수명에 지장을 받는 일이 없도록 하는 것, 어떤 게 중요할까' 이런 생각을 끊임없이 요즘 해요. 아무튼 재밌게 잘 읽었어요.

박서희   저도 소설보다 술술 잘 읽혀서 좋았어요. 전체적으로 단정하지만 적재적소에 센스 있는 단어도 잘 선택하시는 것 같아요. 일목요연하지만 흥미진진하게 느껴졌던 것 같습니다. 저도 어려운 단어를 굳이 쓰려고 노력했던 적이 있어요.

배승연   저는 원래 수필과 시를 가장 좋아해요. 소설에 대한 기준치가 꽤 높은 것 같아요. 수필을 볼 때는 어떤 사람이 썼는지가 중요해요. 그래서 곽아람 작가님의 인스타그램 글을 좋아해요. 만약에 태호 님께서 책을 내신다면, 찾아볼 것 같아요. 글이 잘 읽히고, 뭔가 단아하게 차려입은 선비 느낌이거든요. (웃음) 글을 읽으면 맑고 소년 같은 면이 있으시잖아요. 두 편밖에 안 읽었지만 정말 솔직하게 자신의 이야기를 하는 부분이 건조한 듯 따뜻해서 좋았습니다. 저는 김태호님 글을 읽었을 때 소설 내용은 하나도 기억이 안 나고, 다른 한 편의 글을 읽은 것 같았어요.

정상과 이상의 경계선에서 (주영실)
과제 작성을 앞두고 다시 '나는 왜 글을 쓰는가' 하는 물음에 마주치게 된다. 소설 《금각사》는 1956년 발표 당시 평론가들로부터 높은 평가를 받았고 이듬해 요미우리문학상을 수상했으며 세 번이나 노벨문학상 후보에 올랐던 작품이다.

이 작품이 높은 평가를 받는 이유는 수려한 문체와 치밀한 구성 그리고 무엇보다 금각을 통한 '아름다움'의 절대성과 '미의식'의 개념 표현의 탁월성 때문인 것으로 알려져 있다. 한편 이 소설은 1950년에 실제로 있었던 금각사 방화사건을 소재로 씌어 졌으며 하야시 쇼켄은 소설의 주인공인 미조구치와 많은 면에서 흡사하여 범인 하야시는 복역 후에 정신병원을 거쳐 폐결핵으로 사망하고 작가 미시마는 1970년에 천황에 대한 충성과 일본자위대의 궐기를 호소하며 할복자살을 하였다.

주인공은 소설 전체에서 금각의 아름다움, 그 절대성, 절대적 아름다움에 대한 경외심과 사랑 그리고 상대적 무력함에 대하여 자주 이야기한다. 그런데 그 절대적 아름다움은 주인공의 외모의 추함이나 성격과 성장 환경의 초라함과 비극적으로 대비가 된다. 금각사의 후원으로 대학에 진학하고 조용하고 모범적인 학생으로 지내며, 언젠가는 자신이 그토록 사랑하는 금각이 있는 금각사의 주지가 될 수 있는 삶을 살면서도 그는 끊임없이 불안과 초조와 허무를 안고 살아간다. 또한 그는 인식과 행동이라는 양자 사이에서도 갈등하는 듯 보인다.

자신에게 절대적 미인 금각에 대한 영원한 소유욕이나 일체화에 대한 갈망과 대비 되는 파괴욕 사이의 갈등이랄까. 그 복잡한 심리가 정리되지 못하고 있으며 아마도 파괴와 순응 사이에서 갈등하고 있는 듯 보인다. '젊음이 지닌 어두운 초조함과 불안, 그리고 허무감', '위엄으로 가득하고, 우울하며 섬세한 건축, 벗겨진 금박', '그 다른 이름을 '미'라고 하기도 하고 '허무'라 하기도 하겠지' 이 부분에 대한 작가의 심리 묘사는 참으로 천재적으로 보인다. 천재성과 정신병질 성격 그리고 문학 영재와 ADHD. 그 이상 더 어떻게 표현할 수 있을까.

작가는 13세에 첫 소설을 썼으며 45세에 사망하기까지 무려 180편의 소설과 60편의 희곡을 비롯하여 막대한 분량의 수필과 평론을 남겨, '쇼와의 귀재'라는 별명이 있다고 한다. 한편 그는 작품을 통하여 자신의 동성애적 성향을 고백하였으며 30대에는 육체미운동에 몰입하기도 했고 이후 우익 사조직 격인 방패회를 설립하여 할복자살을 하여 사망하였다. 대원들과 일본 자위대에 난입하여 총감을 인질로 잡고 천황지지와 일본재건에 대한 지지를 호소하는 연설을 했는데 지지를 받지 못하여 할복으로 마감하였다고 한다.

작가의 이러한 천재성과 그와 대비 되는 반사회적 인격성향은 그의 소설 《금각사》의 소재가 되었

던 방화범의 정신병력과 주인공 미조구치에서 나타
나는 이원적 성격구조와 아울러 천재성의 이중성에
대하여 생각하게 한다. 실제로 소설의 내용 중에는
주인공의 복잡한 심리묘사에 파 묻혀 있지만, 환청,
망상, 해리 등과 유사한 조현병 증세를 보이는 부분
이 있다. 이는 수 년 전 우리나라에서 있었던 남대문
방화사건 용의자의 재판 판결을 연상시키기도 한다.
범인은 정신 이상은 없다고 판결이 났으나 많은 정
신과의사들은 그가 명백히 '인격장애'를 가지고 있다
는 의견을 내놓았다.

금각을 불태우고 동반자살에도 실패한 채 무의식
적으로 도망쳐 나와 호주머니 속에서 손에 닿은 담
배를 꺼내 피우며, 살아야지, 하고 생각하는 소설 말
미의 주인공은 얼핏 싱겁고 허망하게 보이기도 한
다. 그러나, 불에 타 죽거나, 사형당해 죽거나 할복
하여 죽는 것 보다는 낫다는 생각이 든다. 구원이 아
니었을까. 천재성과 정신병질, 그리고 영성의 만남.

봄정환 ADHD 부분에서 뜨끔했어요.

주영실 누구나 다 뜨끔할 것 같습니다.

곽아람 의사 선생님의 시선이 들어가 있네요. 선생님의
말씀을 듣기 전까지는 그냥 마음이 병들어 있는 상태에

서 자의식 과잉이라고 생각했어요.

주영실　정신과적 질환에 대해서는 사실 '어디까지가 정상이고, 어디부터는 이상인가?'라는 의문을 자주 가지게 돼요. 그래서 사실 작가가 그런 증세가 있는지 보려고 자료를 찾아봤어요. 제가 전문의는 아니니까요. 예를 들어 남대문 방화사건이 이슈가 되었을 때, 방화 범인이었던 노인은 '정신이상이 없다'고 판정을 받았다고 해요. 하지만 우리가 볼 때는 '정상'이 아니었죠.

곽아람　정상과 비정상의 차이는 종이 한 장 차이 같기도 해요. 저는 이런 주제를 탐구해 보는 데 흥미를 느껴요. 특히 이과 출신인 분들과 이런 토론을 해보고 싶었어요!

주영실　밥값은 했네요. (웃음)

곽아람　그러고 보니 저희 모임에서 영실 님만 이과 분이네요. (웃음)

봄정환　가령 화가중에 마크 로스코나 잭슨 폴락, 이런 예술가들에게서 많이 나타나는 현상 같기도 합니다. 마음 안에 잠식되어 있는 자기 파괴, 자기 착란의 극치로 가면 죽음으로 치닫는 거죠. 영실 님은 이 소설을 직업 때문에 이성적으로 접근을 하시겠지만, 심리적으로 동의가 되시는 부분이 있었는지 궁금합니다.

주영실　공감한 바가 많죠. 금각이라는 아름다움을 보고 느끼는 감정이 굉장히 복합적이잖아요. 그 아름다움을 가지고 싶기도 하고, 그 속에 뛰어들어 일체가 되고 싶기도 하고, 또 그러다 다른 것들은 다 잊어버리고 싶기도 하고요. 주인공이 정상적인 이성관계를 하지 못 하잖아요. 어쩌면 그것이 '절대 자(自)'에 대한 부담감 때문일 수도 있겠다고 생각했어요. 그러면서 '인간은 참 하자가 많은 존재구나'라는 걸 다시금 확인했던 것 같아요. 승연 님과 함께 기도를 하며 구원을 갈구하는 수밖에 없지 않나, 그런 생각도 했어요.

박서희　영실 님은 주인공 미조구치를 포함해서 작가인 미시마 유키오에 대해서도 전반적으로 연민 내지 가엾게 여기는 감정을 가지고 계신 것 같아요. 그래서인지 글에서 따뜻함이 느껴졌어요. 저는 이상증세가 있다는 의견에는 적극적으로 동의하지만, 불쌍하다고는 사실 생각하지 않았거든요. 범죄 행위를 저지르고 미조구치가 나중에 '살아야지'하는 부분에서도, 도대체 이 사람은 나중에 어떤 벌을 받을까 궁금했어요. 데미안도 언급하셨는데, 저도 읽는 내내 데미안 생각이 많이 났어요. 모임장님이 일부러 연관성 있는 책들을 선정하신 것이 아닐까 생각할 정도로요. 싱클레어가 외부의 세계로 나아가는 과정이 미조구치가 외부와 내부의 세계를 연결하는 장치를 부수는 과정이 비슷했던 것 같아요. 물론 미조구치는 불법 행위였지만요.

김태호 저는 영실 님께서 써주신 글이 조금 더 확장된 걸 보고 싶다는 생각이 들었어요. 주인공 미조구치가 가진 콤플렉스가 어떻게 범행으로 연결되는지에 대해 의학적인 관점으로 세밀한 분석 담긴 글을 한 번 더 보고 싶네요. 지금은 약간 예고편만 본 느낌이라서, 본편을 조금 더 보고 싶습니다.

배승연 저도 태호 님과 같은 생각을 했습니다. 지금 조현병을 네이버로 찾아보니, 그런 설명이 더 있으면 좋겠다는 생각이 들었어요. '주인공이 정상은 아니지'하고 글을 읽었는데 무엇이 옳은지 모르는 상황이니까요. 실제 사건을 기반으로 쓰기는 했지만, 그 사람을 인터뷰 하지 않고 작가의 내면세계를 주인공에 많이 투영을 시켰다고 쓴 걸 봤어요. 우리도 정상이 아닐 때도 있고, 아프고 힘들 때도 있잖아요. 주인공이 갈망하는 것이 채워지지 않는 결핍의 상태에 있는 부분에 사람들이 공감하고 재미있게 읽는 것이 아닌가하는 생각이 들었습니다.

김보람 영실 님과 태호 님의 글을 읽으면서, '글로 직업이 확연히 드러날 수 있구나!' 생각했어요. 제가 그런 느낌을 받다보니 제 글에서도 저의 직업을 추측할 수 있을까 궁금했어요. 글을 읽으면서 저는 천재들에 대해 생각했어요. 고흐와 같은 천재라고 불리는 사람들은 괴팍한 괴짜거나 반사회적 인격 장애라고 많이 말하잖아요. 그럼 그 경계는 또 어디에 있는 것일까를 생각했어요. 저는 항상 의도적으로 경계에 서려고 하고, 경계인으로서의 날선 감각을 유지하려고 스스로 애쓰며 살고 있거든요. 가질 수 없는, 영원한 아름다움을 향한 파괴의 욕망이 분명히 있었을 텐데, 용기를 내 태울 것인가, 사회적 규칙에 따라 참고 살 것인가, 그 경계에서 어떤 선택을 했느냐 인거죠. 모두가 자신만의 금각을 태우는 과정이나 행위가 있을 거예요. 그걸 실제로 구현하는 건 한 걸음의 차이라고 생각해요. 하지만 그 경계의 넘나드는 것을 누가 판단하고 규정할 수 있을까요.

곽아람　중요한 이야기를 해주셨어요. 우리에겐 어떤 아름다운 것들을 파괴하면서 소유하고 싶은 욕망이 있죠. 이런 욕망을 어디까지 허용할 수 있는가, 그 경계에 대한 이야기를 영실 님이 해주신 것 같아요.

불쾌한 만큼 아름다운 금각사

아, 금각사 (봄정환)

실수였을까. 《금각사》를 물에 빠뜨린 건. 요즘엔 돼

지도 우-물엔 안 빠진다는데, 돼지마저 물보단 불이
라며 부리나케들 죽어 불판 위로 향하는 세상이거
늘 책과 함께 물로 나자빠진 나라니. 거참, 불 끄고
잠이나 잘 걸. 새벽 두 시, 돼지보다 무엇 하나 나은
게 없는 내가, 심지어 콧구멍 하나조차 돼지보다 못
큰 나 따위가 뭔 놈의 숨을 더 쉬겠다고 욕조에 물
받고 겨들어 갔나. 것도 책 들고, 서가에 빤히 있는
옛 책 두고 굳이 한 번 더! 산, 새 책과 함께 말이다.
자갸, 자기야 미안해, 드라이기 어딨지?

기어이 잠든 아내 깨운다. 참고로 나는 대머리. 머
리통에 헤어 한 가닥 없는 남편이 찾는 헤어드라이
기라니. 아 쪼옴! 절간에서 빗을 찾으면 부처 얼굴이
이러시려나. 이 시각 자다가 당하는 세상 모든 봉변
들의 대변인, 인류에 존재하는 모든 봉창들의 어버
이가 된 어조로 아내는 휙 소리친다. 쯤! 쩜쩜쩜. 굳
게 닫힌 눈꺼풀로 대신하는 '꺼져'가 생략된 짜증, 이
따끔한 침묵에 매를 맞고서야 생각한다.

어쩌자고 나는 욕조에 《금각사》를 들고 갔던가.
실수였을까. 《금각사》를 물에 빠뜨린 건. 책 속에 갈
피해 둔 메모지가, 그 종이 위에 수 놓인 잉크들이
물에 번져 사라지지 않았더라면 어땠을까, 이번엔
실패 없이 마저 적어 휘리릭 두둥실 띄웠으려나.

그래 메모들은 고스란히 편지가 되었겠지. 제법
글 같은 게 되었을 수 있었겠지. 누구보다 뜨거운 인

간, 소설 《금각사》의 주인공이자 '상상은 세상 어떤 비행기보다 높이 그리고 멀리 난다'던, 한 시절 출근길에 자주 만나던 '(주)망상항공'의 옛 직장 동료 미조구치에게 보내는, 이제는 주인공 말고 네 인생의 주인이 되어보란 내용의 편지.

그래 어쩌면 난, 하마터면 난, 뒷방에 드러누워 꿀이나 빨다 역류성 식도염에 걸린 팔순의 소년처럼 주절주절 꿀비린내 나는 위로나 게워 냈을지 몰라, 근 20년 만에 만났어도 여전히, "남들에게 이해되지 않는다는 점이 유일한 긍지."라는 중2병 앓는 대사나 읊조리는 미조구치에게, 감히 그만하라 말했을지 몰라. 열등감이 빚어낸 자기애 찌꺼기로 사는 건, 전쟁이 끝났듯 유행도 끝났다고.

그러니까 난, 나 혼자만. 열일곱 살을 더 먹고 온 난, 짐짓 '으른'인 양 관조적인 시선과 비판적인 목소리로 "미는… 미적인 건 나에겐 원수."라고 더듬어대는, 절망의 제스처로 누구보다 가열차게 희망을 꿈꾸는 이 혁명의 전사에게, 'want to'가 'have to'가 되어버린 이 상상의 노예에게 괜찮다고, 그냥 살라고, 욕망이 당위가 될 필요 따윈 없다는 말랑말랑한 이천년대 한반도 자기계발서 같은 소리나 뇌까렸을지도 모를 일. 결국, 스스로에게 핥아먹으라 건네는 자기연민 부스러기가 될 걸 모르지 않으면서. 그러니 얼마나 다행한가. 《금각사》를 물에 빠뜨린 건.

흠뻑 물에 젖었다 불어난, 고사상에 오른 돼지머리통 마냥 한껏 비대해진 《금각사》를 넋 놓고 바라보다 바닥에 책 놓고 꾸욱, 온 체중을 실어 무릎으로 짓이기던 새벽이었다. 뚝뚝, 책에서 떨어지는 물기 보자니 한 번도 소리 내 울지 못했을 미조구치의 목젖을 쥐어짜주고 싶었는지 모른다. 아니 아니다. 봉인해둔 옛 시절이 밀려올까 스스로를 보호하려던 강박이었는지 모른다. 미조구치의 금각사처럼 내게도 나만의 금각사가 있었으니까.

체내에 고인 외로움 끓여다가 발명해낸 나만의 금각사. 그랬다. 내게도 있었다. '모든 타인들에게 그들이 나의 타인임을 분명히 해'두려 발작을 떨어대던 때. 견고한 내면이니 자기세계니 하는 말들로 포장하고 싶어 했으나 내 안에만 갇힌 채 자가복제하는 상처에 기생하며 자아의 체중을 불리던 날들.

나는 단 한 번 동의한 적 없거늘 어물쩍 사회적 합의를 이룬 양 세상에 유통되던 모든 일반론과 상투성을 경멸하며, 귓바퀴에 걸려드는 타인의 진심을 모조리 파괴해가던, 스스로의 결핍과 직면하기 두려워 필요 이상의 날을 세우며 생을 갉아먹던 날들.

그렇다. 누구나 그렇듯 내게도 누구 이상으로 삶 마디마디 마다 숨겨놓은 이야기가 있었는지 모른다. 숙성을 위해 부러 묻어놓은 경우가 아니고선 대부분 능숙하고 의연하게 주물러낼 수 없는, 도무지 이

성의 영역으로 제어가 안 되는 눈물집들. 내 사전에
선 이것을 지뢰밭이라 부르는데 말하자면 앞서 얘
기한, 서가에 있는 《금각사》를 두고 '굳이 한 번 더'
샀다는 건 그래서였다.

독서 내내 군데군데의 밑줄과 메모들로 '20대의
나'와 만나야 하는 일을 피하고 싶어서는 아니었(을
것이)다. 아직은 약한 나라서, 피칠갑하듯 온 세포에
열과 정을 발라놓고 활자와 씨름하던 지난 흔적 앞
에 사나운 공허함이 밀려올까 싶어서는 아니었다.
그렇다면 왜, 왜 나는 이전에 읽었던 금각사를 치우
고 여백 가득한 새로운 금각사를 원했을까.

기억을 걸을 때도 가급적 터지지 않도록 조심하
고 조심했던, 나오고 싶어 죽겠다 할 때도 아직은 아
니라며 달래고 달랬던, 도저히 안 되겠다며 살 찢고
나오는 이야기가 있으면 더럽지만 돈으로 꿰매고
살게 하던, 그러니까 또 살아지던, 심지어 더 잘 살
아지는 것 같은, 이리 살아지니 이리 살자 하는 그냥
저냥마냥의 이 세계에서, 대체 나는 무슨 할 말이 더
있다고. 기껏 자아의 체중 줄여놓았거늘 남의 생각
에 무슨 놈의 밑줄씩이나 긋겠다고 새 책을.

다 읽고서 알았다. 밀도, 였구나. 내가 그리웠던
건 밀도였구나. 속도의 세계에서 밀도를 그리워하던
어리광마저 그리웠던 거구나, 하는 생각이 들었다.
나 역시 미조구치처럼 나를 향한 상대들의 경멸을

즐기는 듯한 위악을 떨진 않았지만, (정말?) 내게도 있었으니까. "자신이라는 존재에 머리끝까지 완전히 잠겨 있는 듯한 기분."*이던 때가 있었으니까. 징그러울 만큼 빽빽하게 내 안의 나들로만 나를 채우고 살던 기분, 그 감각.

하, 적고 보니 못하는 말이 없구나. 다 죽어가는 놈 살려놨더니 잠 안 자고 책 따위나 보며 스멀스멀 기억에나 취하고. 이래서, 이러니까 살아야 하는 것이다. 이따금 떠올리면서. 암수의 포유류가 한데 엉켜 드잡이한 결과가 인간이라면 이 별의 아비는 누구인가 묻던 날들이나 떠올리면서.

사시사철 하늘엔 조각구름 떠 있거나 말거나 인간이란 죄다 중력의 지배하에 놓인 농담들이란 대2병 같은 헛소리도 가끔 하면서, 지구야말로 은하계의 유일무이한 사생아란 비밀 같은 건 함부로 발설하지 말며, 이렇게 책이나 보고, 이따위로 잘 쓰인 문학이라 할만한 것들도 좀 보면서, 인간이란 결국 이 별에 불시착한 괴담들이 아니냐는, 달빛에 홀려 울어대던 지난 술주정에서 골동내가 난다 싶음 난다 싶음 그니까 난다 싶음 쿵쿵, 하지 말고 쿠홍! 소리날 만큼 우렁차게 코 풀며 돼지 콧구멍이나 한번 떠올리고, 그래 다시는 책 들고 욕조 들어가지 말고.

*   미시마 유키오, 금각사, 허호 옮김, 웅진지식하우스, 2017, 252p

그러니 사시라. 미조구치 당신도 사시라.

　"어려서부터 아버지는 나에게 자주 금각에 관한 이야기를 들려주었다."《금각사》의 첫 문장이다. "일을 하나 끝내고 담배를 한 모금 피우는 사람이 흔히 그렇게 생각하듯이, 살아야지, 하고 나는 생각했다."《금각사》의 마지막 문장이다. 금각에 관해 들려주던 아버지도 죽고, 아버지가 들려주던 금각도 죽었으나 미조구치. 당신은 사시게나. 사는 게 유치해도 사시게나. 속이 뒤집힐수록 유치하게 사시게나. 유치를 뒤집으면 치유니까.

곽아람　지난 글은 완전히 랩(rap)이었는데, 이번 글은 산문인데 랩의 구절이 있네요. '피칠갑', '게워내는', '중2병'을 보면 강렬한 단어를 좋아하시는 것 같아요. 세상과 투쟁하려는 강렬한 의지가 느껴진다고 할까요. 뭔가 엄청난 비장함이 있어요.

봄정환　제가 쓴 것에 대해 사람들이 말하기 좀 힘들어하는 걸 알고 있어요. 이게 약간 콤플렉스였던 때도 있었는데, 누가 카톡에 뭘 물어봐서 제가 길게 써서 보내면 상대방이 말이 없어요. (웃음) 종종 들었어요. "너는 상대방이 답장하기 참 힘들게 쓴다."

박서희　처음 읽을 때와 책에 대한 인상이 달라졌다고 하셨는데, 미시마 유키오에 대한 정환 님의 첫인상도 궁금해요.

봄정환 저는 미시마 유키오를 특별히 좋아하진 않았어요. 정서적으로는 다자이 오사무에 가까웠고, 제가 일본 문학에서 가장 좋아하는 작가는 마루야마 겐지였습니다. 이분이 미시마의 할복자살에 대해 비판하는 글을 봤었는데, 그 의견에 동의했고요. 저한테는 문학을 '앓았다'고 표현하는 시기가 있는데, 돌아보면 소설 속 인물과의 거리 조절에 자주 실패했던 것 같아요. 미조구치가 '금각사'와의 거리 조절에 실패하는 것처럼요. 여기서 주인공인 미조구치도 어릴적부터 아버지에게 "금각사는 아름다울 것이다."를 듣고는 그 '아름다움을 보고싶다'가 '아름다워야 한다'가 되어버리죠. 'want to(하고 싶다)'가 어느 순간 'have to(해야 한다)'가 되어버린 거죠. 미시마에 대한 첫인상은 좋든 나쁘든 혁명가? 워낙 캐릭터가 강렬한 작가니까요. 그리고 이번에 《금각사》를 다시 보면서는 미시마의 미문보다 눈에 보인 게 플로팅(ploting)이었어요. 문장만큼 구성도 굉장히 치밀하게 직조된 작품이라는 생각이 들었습니다.

배승연 카톡 답변에 대한 이야기는 웃프지만 깊이 공감되네요. 모임장님이 랩 같다고 하셨는데, 저는 판소리 사설 같았어요. 입이 조금 걸고 거친, 요즘 말고 옛날 고등학교 2학년 정도 되는 인물 같다고나 할까요. 이 친구는 들어주는 사람에게 이렇게 말하고 싶었구나, 그리고 정환 님은 이 친구에게 이런 위로를 건네고 싶었구나, 생각했어요. '작사를 하시는 분이라 역시 다르구나'라고 생각했어요. 비유적인 표현도 그렇고, 세상에 치이고 찌든 시선이 아니라 소년 내지 청년의 시선을 가지고 바라보려는 마음이 느껴져서 저는 글을 읽으면서 기분이 좋아졌어요. 단지 글을 단락을 나누면 눈에 더 잘 들어올 것 같아요. 그럼 그 카톡의 문제점이 해결되거든요. 카톡 하나에 다 쓰는 게 아니라 잘라서 보내면 상대방이 이해하기가 더 쉬워요. 저도 제 모든 생각을 한꺼번에 보내서 비슷한 이야기 많이 들었거든요.

봄정환　같은 얘기를 들으셨어요?

배승연　많이 들었어요. 그래서 뭔지 알아요. 그래서 해결점을 지금 약간 말씀드렸습니다. 저는 이상입니다.

김태호　저는 정환 님 글을 두 번 읽었는데, 비유를 하자면 '궤도가 있는 글'이라고 생각했어요. 지구에서 달로 위성을 쏘아 올리면 궤도상으로 지구에서 살짝 멀어지다가 달 근처를 배회하다가 어쨌든 다시 돌아오잖아요. 특히 유인 위성 같은 경우가요. 저는 처음에 정환 님이 자신의 20대를 주인공 미조구치와 동일시하는 생각에서 멀어지고 싶어 한다고 생각했어요. 그래서 굳이 예전에 있던 책을 책장에 놔두고 새로운 책을 사서 읽으신 게 아닐까 했어요. '지금의 나'는 '20대의 나'와는 미조구치를 다르게 받아들일 거라고 생각했다가, 책을 읽다보니 다시 비슷한 면을 발견하신 것 같아요. 어떻게 보면 새로운 책을 산 것이 멀어진 시점에서는 궤도에서 멀어졌다가, 다시 '맞아, 나도 나도 미조구치 같은 때가 있었지'하고 느끼면서 궤도에 돌아온 느낌을 개인적으로 받은 것 같습니다.

김보람 저는 이렇게 글을 쓰시는 게 경이로워요. 어떻게 이렇게 유려하게 쓰실 수 있는지. 찰나의 순간에 떠오르는 단상을 쭉 쓰신 것 같은데, 그 밀도가 엄청나다고 생각했어요. 다만 저는 '나'라는 존재는 오히려 거세되었다는 느낌을 받았어요. 20대 시절의 '나'와 마주치는 것을 피하기 위해 메모와 밑줄이 남겨져 있지 않은 새 책을 읽었잖아요. 그렇다면 그 시절의 '나'는 어땠는지, 어떤 '나'를 피하고 싶었던 건지 잘 모르겠다는 생각이 들었어요.

주영실 저도 생각이 100이라면 글은 5정도로 표현된 것이 아닌가라는 느낌을 받았어요. 자신을 드러내고 싶지 않는다는 느낌도요. 뭔가 빙 둘러서 이야기를 하는 느낌이었어요. 하지만 전문가처럼 글을 쓰시는 것 같아서, 글을 많이 써보신 분이 아닌가 했어요. 산문도 후다닥 쓰시지만 시 같은 건 더 잘 어울리실 것 같아요.

봄정환 사실 오래 썼어요. 소위 말하는 순문학으로 등단해 면허를 딴 건 아니지만, 이런저런 글쓰기로 작가 생활 시작한 건 20년이 넘었습니다. 말씀하신 대로 이 글은 말만 많지, 알맹이는 없어요. 무의식에서 의도했던 것 같아요. 마치 액셀과 브레이크를 동시에 밟고 있는 격이에요. 마음의 어떤 충위들이 있는데, 어디까지 마음의 패를 보여줘야 하는지 고민하잖아요. 사회생활에서 중요한 부분이니까요. 독서모임이지만 내 안에 있는 모든 걸 쏟아내듯 액셀을 확 밟을 수는 없었어요. 그러니 '뭔가 현란하게 썼어, 알겠는데, 그래서 뭐?'하면 알맹이가 없는 느낌이 드는 거죠. 무의식이 의도했던 것 같아요.

김태호 반 클러치, 반 클러치.

봄정환 그렇죠. 엑셀과 브레이크 사이의 길항. 일종의 제안의 사투리 같은 건데, 이렇게 한 2만개쯤 될겁니다. (웃음) 그래도 모처럼 뭔가 이렇게 쓸 수 있어 뜻 깊었어요. 광고회사 나온 뒤로 컴퓨터에 한컴오피스 창 띄운 게 처음이었거든요. 중림서재 덕분에 혼자라면 결코 다시 안 봤을 《금각사》읽고나서 '죽기 전에 이걸 또 읽을 날 있을까' 괜히 뭉클했거든요. 여기 계신 분들이 애정 가지고 통찰력 있게 봐주신 거 감사합니다.

곽아람 재미있었어요.

불쾌함의 정체 (박서희)

소설보다 더 소설 같은 인생을 사는 작가들이 있다. 이를테면 로맹 가리 같은. 인생 자체가 하나의 작품이 아닐까 싶은 그들의 삶은 작품만큼이나 두고두고 회자된다. 《금각사》의 작가 미시마 유키오 또한 극적인 삶으로 둘째가라면 서러운 인물이다.

그의 이름을 처음 접하게 된 건 허지웅 작가의 책을 통해서였다. 자살로 생을 마감한 다자이 오사무와 미시마 유키오의 대칭성, 그리고 동질성에 대한 글이었고, 운동에 병적으로 집착했던 미시마 유키오가 다부진 몸으로 일본도를 들고 찍은 화보가 함께 수록되어 있었다.

어우… 대단한 양반이었다. 요즘처럼 건물마다 헬스장이 있기는 커녕 단백질 보충제도 없던 시대에 그 정도의 몸을 만들기란 어지간한 노력으로는 택도 없는 일이었을 것이다. 고인께는 몹시 실례지만 과연, 그의 외양과 잘 어울리는(?) 과격한 방식의 죽음을 선택했다는 생각이 들었다.

보통 작가의 삶에 관한 인상적인 에피소드를 알고 나면 작품을 찾아보는 나였지만, 이 당시에는 그의 작품을 찾아 읽고 싶은 생각은 딱히 들지 않았다. 왜 그랬는지는 내가 애정하는 로맹 가리나 헤르만 헤세의 외양을 떠올려보면 이해하기 어렵지 않다.

우익 머리띠를 두른 근육질 사내의 소설 《금각사》가 유려하고 아름다운 문장으로 유명하다는 걸 알게 된 것은 그로부터 몇 년 후의 일이었다. 어느 모임에서 오간 "그… 문장 너무너무 아름다운 소설…《금각사》… 그 책 작가 이름이 뭐였지?" "아, 미시마 유키오요?" 하는 대화가 발단이었다.

두 귀를 의심했다. 동명의 소설이나 소설가가 있는가 싶었으나 아무리 찾아봐도 분명 그 《금각사》가 이 《금각사》였고, 그 미시마 유키오가 이 미시마 유키오였다. 맙소사… 나에게는 마치 배우 마동석과 그가 손수 한 땀 한 땀 삽화를 그린 어린이 동화책의 조합만큼이나 일어날 수 없는 일처럼 느껴졌다. 그러나 그 놀라움은 내게 책장을 펼치는 행위까지의 동기부여는 해주지 못했다.

언제 시간 날 때 한번 읽어봐야지, 하는 정도의 하찮은 의지를 간직해오던 어느 날, 나는 드디어 독서 모임을 통해 의무적으로 《금각사》를 읽어야만 하는 기회(?)를 얻게 되었다. 아직은 반신반의하는 마음을 떨치지 못한 채 헬스왕 아저씨의 소설을 읽어보았다. 그리하여 마침내 읽게 된 《금각사》… 상상했던 것과는 많이 다른 느낌이었다.

대표적인 탐미주의 소설이자 미문으로 이름난 소설이라고는 하지만, 아름다움이란 무척이나 광범위

하고 추상적인 개념이기에, 어렴풋이 김훈 작가와 비슷한 분위기이지 않을까 추측해 보았는데 닮기는 커녕 자석의 N/S 극 같은 정반대 결의 문체였다. 왜 그렇게 생각했을까, 나는 아직도 화보 속의 육체파 작가 미시마 유키오의 환영에서 벗어나지 못했던 것일까?

아무튼, 결론부터 말하면 빗나간 예상에도 불구하고 좋았다. 혹시 모르는 일이다. 어쩌면 마동석씨도 훗날 언젠가 동화책을 출간하게 될지… 속단할 수 없게 되었다. 이런저런 일들을 통해 종종 글을 쓰게 될 때마다 새삼 깨닫는 사실 중 하나는, 어떤 대상에 관하여 이것이 왜 좋은지 설명하는 일은 생각보다 어렵다는 것이다. 어쩌면 왜 싫은가에 대해 이야기하는 일보다 훨씬 더.

주인공 미조구치는 유년시절 "금각처럼 아름다운 것은 없다."며 금각의 아름다움에 관하여 자주 이야기하던 아버지의 영향을 받아 그 또한 금각을 절대적인 미의 상징으로 여기며 자라게 된다. 끊임없이 금각을 이상화하던 미조구치의 애정은 점차 질투와 분노로 변질되고, 그는 결국 방화를 결심한다.

방화라는 범죄 행위에 다다르는 미조구치의 모습을 보며 과열된 팬덤 문화에서 간혹 나타나는, 소위 말하는 '광팬'들이 떠올랐다. 무언가에 지나치게 도취되거나 몰입하고 집착하다 끝내 파괴해버리고야

마는 심리는 도대체 무엇일까? 지금의 나로서는 알 길이 없다. 가능하면 앞으로도 모르고 싶다.

아무리 시작은 사랑과 관심이었다고 한들, 어떤 이유에서든 범죄 행위는 정당화될 수 없다. 형사 드라마의 단골 대사처럼 말이다. 그러나 이 소설이 실제 사건을 모티브 삼아 쓰인 시사 소설이라는 점을 고려하면 한편으로는 작가를 탓할 일은 아니라는 생각이 들기도 한다. 결말은 이미 정해져 있기 때문이다. 그래, 어차피 남주는 방화범… 이랄까.

《금각사》는 1950년 실제로 일어났던 금각사 방화 사건에 기반하여 쓰였다고 한다. 주인공 미조구치의 모델이 된 방화범 하야시 쇼켄이 어떤 이유로 범행을 저질렀는가에 관하여 정확히 밝혀진 바는 없으나, 그가 말더듬이였다는 점과 정신이상 증세로 인하여 일관적이지 않은 범행 동기에 관한 진술 중 '미에 관한 질투'라고 언급한 점에 착안하여 미시마 유키오가 창작자의 상상력을 가미하여 집필한 것이다. 실제 하야시가 방화 후에 자살을 기도하고 체포된 것과 달리, 미조구치가 본래 계획했던 자살을 포기하고 "살아야지."하며 삶의 의지를 다지는 부분은 작가의 창작력이 적극적으로 발휘된 부분이다.

아마도, 내부와 외부 세계 사이의 자물쇠를 파괴한 주인공이 부디 현실의 방화범처럼 요절하지 않고 새로운 삶을 살기 바라는 미시마 유키오의 바람이 내포되어 있지 않았을까 짐작해본다. 아무렴 생명은 소중하니까. 하지만 정작 미시마 자신이 자살로 세상을 등지게 될 줄 본인은 알고 있었을지… 그의 말로를 생각하면 '살아야지'라는 네 글자가 복잡미묘하게 느껴진다.

여담. 미조구치가 자신의 외모와 말더듬이 증세에 관한 콤플렉스를 내비칠 때마다 자연스레 떠오르는 한 사람이 있었다. 미조구치가 현세에 실재하게 된다면 이 사람일거야… 싶은 그로 말할 것 같으면 외모 콤플렉스가 극심하고 사회성이 극도로 떨어지는 것은 물론 성적 농담을 밥 먹듯이 일삼으며 나와 동료들에게 있어서는 공공의 적 같은 존재로써… (중략) 그 사람이 떠올라 때때로 불쾌감이 트림처럼 올라왔다. 그런데 신기하게도 동시에 불쑥 올라오는 뾰루지처럼 생겨나는 거북함을 미문들이 약처럼 가라앉혀주는 느낌이었다.

호오, 아름다움이 주는 치유란 이런 것일까? 술술 읽히지는 않았지만, 문장 하나하나에서 미조구치이자 미시마의 섬세하고 예민한 감수성이 느껴졌다. 모델인 하야시가 건장한 체격이었던 것에 반해 미조구치는 작고 왜소한 체구로 묘사되어 있는데, 육체파로 거듭나기 전 본래는 허약한 체질에 몸집 또한 왜소했다는 미시마 유키오 자신이 투영된 모습일 것이다. 문득 떠오른 생각이지만 여러 번역본이 있는 《데미안》, 《위대한 개츠비》와 달리 《금각사》는 국내 번역본이 하나뿐이던데 다른 버전으로는 어떻게 번역될 수 있을지 궁금하다.

곽아람 '아저씨'라는 말이 재미있어요. 사진을 처음 보고 나중에 책을 읽었다는 이야기인데 재미있는 포인트가 많았어요. 본인이 아는 누군가와 대비를 시켜가면서 미조구치에 대해서도 이야기하는 글이어서, 이렇게도 볼 수 있구나하는 생각이 들었어요.

김태호 저도 위트 있는 글이라 재밌게 읽었어요. 저는 밈 쓰는 걸 좋아하는데, 여기 '어차피 남주는 방화범' 이것도 밈이잖아요.

봄정환 이게 밈이라고요?

김태호 네, '어차피 남주는…'이라는 밈이에요. 드라마 〈응답하라 1988〉 방영 때 유행했어요. 서희 님 글을 읽으니까 박상영 작가님이 북토크 때 하셨던 말이 생각났어요. 등단하시기 전에 스터디를 하셨다는데, 스터디 멤버들이 "넌 말하는 건 재밌는데, 글은 재미가 없어. 말하는 것처럼 써봐."라고 얘기했다고 하더라고요. 그런데 전 반대로 서희 님의 글이 재미있어서 말씀하시는 게 더 재미있게 느껴지는 것 같아요.

배승연 저도 재미있었어요. 전 마지막 여담이 가장 중요한 이야기같은데, 왜 여담인지 모르겠어요. 글 내용을 보면서 '현재 만나는 분에게도 일종의 연민을 가지신 건가' 생각했어요. '남주는 방화범일까' 부분에서는 마지막 결말이 궁금해서 먼저 봐버렸어요. 그랬더니 영화 〈버닝〉이 자꾸만 떠올랐어요.

김보람 〈버닝〉이요?

배승연 이창동 감독도 '갖지 못할 바에는 부숴버리겠어'라는 테마가 있었던 것 같아서요.

김보람 저는 '마동석', '동화책', '한 땀 한 땀', 이런 부분 다 재미있었어요. 그러다 '어떤 이유에서든 범죄 행위는 정당화될 수 없다'는 부분에서는 아까 정환 님 말씀 중에 나왔던 '거리 조절'이 느껴졌어요. 특히 예술가 치고는 '거리를 두고 계시구나'하고 했었어요. 글에서 예술가라는 직업이 나타난 느낌은 아니었던 것 같아요. 아마도 개인적으로 예술가군이 세상이 생각하는 도덕적인 기준으로 살아가기 힘든 가능성이 높은 군이라고 생각해서 그런 것 같아요. 복잡하고 다양한 면모를 갖춘 인간을 바라보는 도덕적 기준 또는 질서나 규칙으로 판단내릴 수 있을까 생각해보기도 했어요.

박서희　제가 소위 예술 뽕 맞은 느낌의 작가들을 싫어해서 그런가 봐요. (웃음) '지킬 건 지켜야지'하는 느낌이랄까요. 전반적으로 미조구치는 제가 객관적으로 바라보지 못한 면이 확실히 있어요. 그럼에도 불구하고 미시마 유키오의 압도하는 문체에서 나타나는 천재성, 악마의 재능은 정말 좋습니다.

주영실　저는 처음 글을 읽었을 때는 '예술'을 하는 사람의 자세가 드러나지 않았다고 생각했는데, 다시 읽었을 때는 아름다움에 대한 기준이 굉장히 엄격하다는 느낌을 받았어요. 오히려 신문이나 잡지 서평 같았거든요.

봄정환　저는 '내부와 외부 세계 사이에 자물쇠를 파괴한 주인공'이라는 부분에서 서희 님도 비슷한 경험이 있는지 궁금했어요. 방금 토론과 결부지어서 '예술 작품 안엔 반드시 도덕성이 필요한가?'라는 해묵은 질문도 떠올랐고요. 그러니까 예술 작품 안에 도덕성이 필수 불가결하게 항상 있어야 할까에 대한 서희 님의 의견을 듣고 싶어요.

박서희　저는 굳이 작가의 인성과 업적이 비례할 필요가 없다고 생각해요. 사생활 문제로 폄하 받는 작가들이 간혹 있는데, 그런 시선에 대해서는 냉소적인 편이에요. '본업만 잘 하면 되지'라는 입장이지만 위법이면 문제가 된다고 생각하고요.

<u>봉정환</u> 등장인물이 방화범이든, 유괴범이든 문학작품이라도 도덕성을 파괴하는 건 안 된다는 의견이신 거죠?

<u>박서희</u> 가상의 인물이라면 상관이 없기는 하지만 거슬리는 것 같아요. 시종일관 보이는 태도가 자의식 과잉이라고 봤어요. 아마도 미조구치는 처음부터 호감이 없어서 더 그렇게 느낀 것 같아요.

<u>곽아람</u> 저는 은유에 대한 감각이 좋다는 말씀을 드리고 싶고, 예술가로서의 감각이 그런 거에서 나오는 것이 아닐까 싶어요. 유쾌하고 엉뚱하면서도 상상이 뻔하지 않은 글이라서 재미있었습니다.

금각의 아름다움과 민족주의

<u>곽아람</u> 미시마 유키오의 작품을 이해하는 데 가장 중요한 두 가지 키워드는 '아름다움'과 '민족주의'라고 생각해요. 특히 '아름다움'은 중점이 되는 키워드인데요. 금각을 '미의 결정체'로 인식하고, 금각을 어떻게 대하느냐에 대한 이야기이기 때문이에요. 주인공은 자신이 추하다고 생각하고 금각을 동경하죠. 완벽한 미와 자신과의 간극이 커지면서, 이 간극을 좁히고 싶은 마음, 그리고 여러 가지 힘들이 내면적으로 작용해 마침내 금각을 태워버리는 결과를 낳습니다. 〈사랑의 이해〉라는 드라마가

있어요. 제가 좋아하는 드라마인데요. 이혁진 작가의 소설을 바탕으로 한 드라마예요. 드라마 여주인공인 '수영(문가영 역)'은 모래성같이 무언가를 만들어 놓고서는 무너뜨리는 인물이예요. 소위 판을 깨는 사람이죠. 자기 것이 되지 않을 것 같으면 부숴버리는 어두운 캐릭터에요. 남동생이 드라마를 보면서 "저런 여자는 절대 사귀면 안 된다."고 했던 기억이 나네요. 여러분들은 아름다운 것을 부숴버리는 그 마음에 대해 어떻게 생각하시는지 정말 궁금했어요.

배승연　전 미시마 유키오가 세 번이나 노벨상에 노미네이트만 되고 상을 타지 못한 이유를 생각해 봤어요. 정말 아름답고 유려한 문장을 보면 천재적인 사람은 분명한데 말이에요. 전 이 소설의 주인공을 보면서 우리가 '아름다운' 감동을 받을 수 있을지 생각해 봤을 때, 0에 수렴했어요. 이 소설의 주인공은 아름다움을 갈망하고 있지만, 과연 단 한 순간이라도 진정으로 아름다움을 느낀 적은 없다는 생각이 들었거든요. 주인공은 아버지가 죽었을 때도 슬픔을 느끼지 못해요. 그런데 아버지의 말에 평생 묶여 살아요. 자신의 의지대로 삶을 살아본 적이 없는 사람이 아버지가 아름답다고 했던 금각만큼은 통제하고 싶은 마음을 가진 거잖아요. 그 통제하려는 마음 자체가 전 인격적이지 않다고 생각해요. 결국 주인공은 금각이라는 표상으로 나타나는 '아름다움'을 잡을 수도, 잡아본 적도 없는 사람인 거예요. 이 소설을 읽어보면 미시마 유키오는 '아름다운 것은 영원해야 한다'는 생각을 가진 것 같아요. 그리고 내면적으로 아름다움과 영원성에 대한 정리가 되지 않은 채 이 소설을 썼다는 생각이 들었어요. 부숴버리더라도 가지고 싶은 마음은 누군가와 건강하게 관계를 맺어본 적이 없기 때문인 것 같아요. 주인공은 가질 수 없는 금각을 파괴해서라도 통제해 보고 싶었던 것뿐이라고 생각해요. 물론 머리로 이해가 되고, 마음으로도 동정심이 생기지만 감동적이지는 않았어요.

곽아람 아버지라는 키워드도 중요한 것 같아요. 본인의 의지가 아니라 아버지가 정해준 거잖아요? '아름답다'고 했는데, 그 말에 평생 매여서 살고, 나중에는 부숴버리고는 홀가분함을 느끼잖아요. 마지막은 어쩌면 주인공이 속박에서 풀려나는 지점 같아 보이기도 해요.

봄정환 대부분의 아름다움에는 본의 아니게 파괴하고자 하는 하는 욕구도 동반되는 것 같아요.

곽아람 왜요?

봄정환 (눈 앞의 커튼을 가리키며) 예를 들어 저 새하얀 커튼 같은 걸 보면서 빨간색 페인트도 한번 묻히고 싶어하는, 왜 연애 관계에서도 간혹 그런 사람들 있지 않나요?

배승연 가까이하지 마세요.

곽아람 그 깨끗함, 아름다움을 지켜주고 싶은 게 아니라 요?

봄정환 지켜주는 동시에 파괴하고픈 충동 같은 거겠죠. 아름다움에 동반되는 질투의 감정도 있겠고 또 뭐랄까 정말 순수한 호기심으로 일테면 새하얀 눈 밭에 떨어지는 핏방울을 보면서 어머 피! 누가 다쳤나봐, 보통들 하는 이런 생각 말고 '새하얀 눈밭에 새빨간 피' 딱 이것만 놓고서 이 색체의 콘트라스트가 아름답다며 탐미하는, 그런 사람도 있지 않겠어요?

주영실 전 이 소설이 인간 심리의 복잡하고 추악한 면을 아름답게 표현했다고 생각했어요. 예를 들면, "바람에 흔들리는 나무들에 둘러싸여 금각은 한밤중에 꼼짝도 하지 않고 그러나 결코 잠드는 일도 없이 서 있었다. 마치 밤을 지키는 파수꾼처럼."*, "금각은 어째서 나를 보호하려는 것일까 원하지도 않는데 어째서 나를 인생으로부터 격리하려 하는가."** 이런 부분이요. 주인공이

*   미시마 유키오, 금각사, 허호 옮김, 웅진지식하우스, 2017, 223p
**   미시마 유키오, 금각사, 허호 옮김, 웅진지식하우스, 2017, 222p

원래의 자신과 해리되어 가는 과정을 표현한 것 같아요. 작가가 정말 천재적이라는 생각도 들면서, 이런 정신적인 문제가 있으니까 가능했을 것 같아요.

곽아람 의학세미나 같네요.

김보람 저는 '과연 질투와 소유욕 때문에 파괴하는 걸까'라는 생각이 들면서 여러 의문이 들었어요. 멀리서 봤을 때는 아름답지만, 실제로 가까이 보면 오래되고, 금박도 벗겨지고, 색이 바랬을 텐데 그런 실망감이 없었을까? 그 부족함이 있어서 오히려 아름다운 것이었을까? 미완성 교향곡처럼 그 자체가 아름다운 걸 수도 있으니까요. 20대의 아름다움이 나이가 들면 사라지잖아요. 한 번쯤은 '늙으면 이 젊음과 싱그러움이 사라지는 게 너무 고통스러울 것 같아. 그냥 늙기 전에 빨리 죽어야겠다'는 생각을 하잖아요. 그런데 나이가 들어서 변하는 것 자체도 아름다운 일 아닌가? 같은 책을 읽어도 20대와 40대가 다른데, 그 변화 자체는 아름다운 것인가, 그렇지 않은 것인가? 이런 혼란스러운 질문을 계속하며 읽었어요. 저는 사실 뜨겁고 설레는 사랑이 '아름답다'고 생각했어요. 시간이 지나서 뜨거움이 사라지고 정이 된다면 그건 아름답지 않은 것이라고 여겼어요. 그러니 그 뜨거움이 사라지기 전에, 관계가 변해가는 모습을 보기 전에, 멈추고 끊어내는 거죠. 그 뜨거움의 상태를 영원히 간직하기 위해서요.

곽아람 몇몇 배우들이 젊은 시절의 모습으로만 기억되고 싶어서 대중에게 나타나지 않는 것과 비슷한가요?

김보람 맞아요. 사랑도 식기 전에 헤어져서 영원히 '저 사람을 정말 사랑했어'라고 기억하고 싶은 느낌과 비슷하지 않을까 생각했어요.

곽아람 결국 이 소설 속에서 '아름다움'이라는 건 하나의 관념인 것 같아요. 관념은 실체가 없잖아요. 정말 아름다운 실체라기보단 아름다움을 상징하는 것 같다는 생각이 드네요.

박서희 주인공이 집착하는 금각사라는 대상은 어떤 절대적인 가치인 것 같아요. 주인공의 외양 때문에 '미적'으로 대비가 되어서 부각이 되는 것 같아요. 아름다움 자체라기보다 자신이 추구하고 집착하는 절대적인 가치에 대한 이야기를 하고 싶었던 게 아닐까요. 저는 아무리 생각해도 너무 사랑해서 파괴하고 싶은 심리는 도통 이해가 되지 않아서요. (웃음) 이건 정신이상자가 초래한 행위라고밖에는 생각이 들지 않아요. 그리고 불행한 유년 시절에 대해 계속 이야기를 하기도 하니까요. 그나마 배척하지 않고 호의적이었던 아버지, 시로카와,

정상적인 인간관계를 가질만한 인물이 다 소멸된 상태였어요. 그런 상황에 놓인 반사회적인 인물이 저지른 범죄 행위라고 생각했어요.

김태호　저는 마지막에 금각을 불태우는 행위 그리고 영화 〈버닝〉에서 주인공 '종수(유아인 역)'가 '벤(스티브 연역)'을 찔러 죽이는 행위 모두 문학적은 내지 영화적인 표현으로 '초월'이라고 생각했어요. 가지지 못해 파괴하고 싶은 것일 수도 있지만, 문학적 허용으로 '아름다움이라는 관념을 초월'한 것이 아닐까 생각했어요. 현실에 대입을 해보자면 제가 글을 쓰면서 '아름다운 글을 쓰고 싶다'는 관념이 계속 컸어요. 그런데 관념을 초월하는 계기가 '인정'이었어요. 팀장이 '기사 잘 썼네'라고 말해주면 한 단계를 초월한 것이니까요. 현실에서는 한 단계씩 밟아 나가지만, 문학이나 영화에서는 그러면 재미가 없으니, 강렬한 표현 방식을 쓴 게 아닐지 생각했습니다.

봄정환　태호 님 말씀을 들으니 떠오른 게 있어요. 자살도 죽는 방식에 따라 특정 메시지가 담겨 있다고 하잖아요. 억울해서 죽는 사람은 고층에서 뛰어내린 경향이 있는 것처럼요. 방화범들도 '관종'일 가능성이 크다고 들었습니다. 현실에서 인정욕구가 충족되지 않는 사람일수록 불을 질러 주목을 받으려는 심리가 있다고요.

곽아람 재밌네요. 저는 '왜 하필 금각이었을까?'라는 생각도 했어요. 일본 문화의 정수, 일본인들에게 자긍심을 가지게 만드는 작품이죠. '이건 너무 아름다워'라고 말하는 부분들이 때로는 순혈주의처럼 느껴진다고 할까요? 마치 아리아인이 아름답고 강하다고 생각해서 나치가 유대인을 배격한 심리와 맞닿아 있는 게 아닌가 하는 생각을 했었는데, 실제로 미시마 유키오의 삶에서 민족주의는 굉장히 큰 이슈였어요. 광적인 민족주의자가 되었고, 그렇게 목숨을 끊었으니까요.

봄정환 저는 일단 이런 부류의 민족주의자를 엄청 싫어하고요. (웃음) 요즘 말로 하면 좀 일베 느낌 같아서.

주영실 이 작가가 할복자살을 한 것도 천황의 영광을 재현하고 일본을 재건하고자 했던 거라고 해요. 할복을 하면 사망하는 게 쉽지 않다고 해요. 그러면 옆에서 무사들이 목을 친다고 하더라고요. 그런데 여담에 따르면 이분 같은 경우는 한 번에 목이 쳐지지 않아서 상당히 비참한 모양새로 사망했다고 들었어요.

김보람 미시마 유키오가 민족주의에 대한 환상을 가지고 있었잖아요. 궁극적으로 추구했던 가치, 절대적 가치를 '아름다움의 표상'이라고 한다면, 민족주의도 마찬가지라고 생각해요. 사실 단일 민족이라는 것이 관념적이고 허상이잖아요. 하지만 이 관념이 순수혈통을 지켜내야 민족과 나라를 지키고 아름다움을 유지할 수 있다는 왜곡된 선동을 일으켰다고 생각해요. 그래서 절대적인 아름다움 또는 절대적인 가치만을 좇는 집단적 광기가 발현된 면에서 서로 연결된다고 생각했어요.

배승연 아름다움에는 본질적인 가치가 있다고 생각해요. 민족주의도 본질적인 가치가 있고요. 그런데 이 소설에서는 주객이 전도된 것 같아요. 정말 추구하고자 하는 본질적인 가치를 모르고 단지 우상화된 느낌이에요. 금각을 태우고 사로잡혀 있었던 모든 것에서 자유로워졌다고 생각할 수도 있지만, 저는 과연 자유로워졌을까 싶어요. 금각을 태운다고 아름다움을 향한 갈망이 사라지지는 않았을 테니까요. 문학적인 여운은 좋은 것 같아요. 하지만 결국 마음대로 담배도 필 수 없는 감옥 안에서 있을 주인공을 생각하니, 현실적으로 아름다운 결말인가 의문이 들어요. '정말 이게 한 스텝 나아가는 게 맞나'라는 현실적인 물음이요.

박서희 저는 '금각'이라는 대상에서 '민족'이라는 대상으로 옮겨간 것뿐이라고 생각했어요. 절대적인 가치가 변경된 거죠. 작가의 삶과 죽음이 닮았다고 느낀 점은 금각에 집착하는 미조구치처럼 미시마 유키오도 민족주의에 함몰되어 있었고, 둘 다 파괴적인 행위로 결말을 맞이했기 때문이에요. 물론 작가는 자기파괴성으로 발현되었지만요. 문제는 주인공과 작가 모두 그런 행위에 대한 정당성이 부여될 만큼 설득력이 느껴지지 않아요. 미시마 유키오도 거창한 사상을 가지고 있는 것 같았지만, 호응이 없으니 홧김에 벌인 일처럼 느껴졌어요. 실제로 그 상황이 엄청난 난장판이었다고 들었어요. 그래서 비슷하다는 느낌을 받은 것 같아요.

곽아람 서희 님은 문학의 언어를 우리의 언어로 바꾸는 데 정말 탁월한 소질이 있으신 것 같아요. (웃음)

저마다의 금각사

곽아람 슬슬 마무리를 해볼까 해요. 혹시 《금각사》를 읽으시면서 가장 기억에 남는 문장들이 있으신가요? 저는 확실히 마지막 문장이었어요. "살아야지, 하고 나는 생각했다."* 금각을 태워버리고 나서 자신의 삶을 찾아가겠다는 말이 이해가 됐어요. 자신을 묶고 있던 이데아를 깨뜨려버린 후에 이제는 '내'가 살아야겠다고 생각하는 말이었어요. 특히 20대 시절에 공감이 되었고, 지금도 힘든 일이 생기면 이 구절을 떠올리면서 '나도 살아야지' 할 때가 있어요. "고독은 자꾸만 살쪄갔다. 마치 돼지처

* 미시마 유키오, 금각사, 허호 옮김, 웅진지식하우스, 2017, 376p

럼."* 이 구절도 은유가 정말 아름다운 문장이라고 생각해요. '어떻게 이런 표현을 생각하지' 했어요. 정말 치밀하고 정교한 문장들이 많아서, 문장을 많이 세공했다는 느낌을 받았어요. 읽는 즐거움이 있어서 영화로 만들면 좋을 것 같다고도 생각했어요. 이미 있기는 하지만요.

김태호 저는 첫 문장이 좋았습니다. "어려서부터 아버지는 나에게 자주 금각에 관한 이야기를 들려주었다." 저는 글에서 첫 문장이랑 마지막 문장이 가장 중요하다고 생각해요. 이 첫 문장이 400쪽이 넘는 소설의 세계를 탁월하게 열어젖힌 문장이라고 생각했습니다.

곽아람 '탁월하게 열어젖힌'이라는 표현이 참 좋네요. 앞으로 태호 님을 '표현 장인'이라고 불러 드릴게요.

배승연 제일 마음에 드는 건 메모장에서 못 찾았어요. 내용이 금각이 어느 날 달리 보였다는 부분이었어요. 사실은 금각은 변하지 않는다는 말이 나왔었는데 '맞다. 금각은 변한 적이 없지. 네가 어떻게 바라보는지에 따라서 달랐다'라고 생각이 들었던 부분이라 와 닿았어요.

주영실 전 "그 다른 이름을 '미'라 하기도 하고 '허무'라

* 미시마 유키오, 금각사, 허호 옮김, 웅진지식하우스, 2017, 17p

하기도 하겠지."*라는 부분이요. 가슴이 울렸는데 설명하기가 어려워요. 절대적인 미와 허무는 이 책에서 계속 나오는 대비이기도 하지만, 우리 삶을 생각할 때 가슴에 와닿는 문장이었습니다.

<u>봉정환</u> 저는 "그렇다면 병신 넷 중에 둘은 모인 거군요."**라는 부분에서 제일 많이 웃었어요. 하숙집 딸이 미조구치에게 하는 대사예요.

<u>박서희</u> 저는 마지막 문단입니다. "어떻게 하면 그 소리, 가시와기가 불어댄 것과 같은 영묘한 소리에 도달할 수 있을까? 말할 필요도 없이 숙련이 그것을 가능하게 만드는 것이며, 미는 숙련이기에 가시와기가 그 흉한 안짱다리에도 불구하고 맑고 아름다운 음색에 도달했듯이 나도 단지 숙련에 의해 그것에 도달할 수 있으리라는 생각이 용기를 주었다."*** 내용에 상관없이 제가 '숙련'이라는 개념에 가지는 존경심 때문에 아름답게 느껴진 것 같아요. 이 부분까지만 해도 주인공이 숙련의 가치에 어느 정도 동의했다고 생각했어요. '이 친구가 생산적으로 무언가를 열심히 해보려나?'하며 기대감이 약간 들었던 부분이라서 선택했습니다.

*   미시마 유키오, 금각사, 허호 옮김, 웅진지식하우스, 2017, 239p
**   미시마 유키오, 금각사, 허호 옮김, 웅진지식하우스, 2017, 178p
***   미시마 유키오, 금각사, 허호 옮김, 웅진지식하우스, 2017, 202p

김보람 저는 금각사의 대표 구절이었던, "남에게 이해되지 않는다는 점이 유일한 긍지"였다는 문장이요."*

곽아람 그 말 참 좋죠. 왜 그렇게 좋을까요?

봉정환 나만의 독자성? 고유성?

곽아람 우리 안에 그런 게 있기 때문일까요? '이해받지 못 해도 괜찮아'라는 자존심? 그런 생각 많이 하세요?

김보람 저는 '또라이'라는 말도 많이 듣는데 그게 싫지는 않으니까요. 그래서 그 구절에 공감이 된 것 같아요.

곽아람 태호 님처럼 이해되지 않는 무언가를 아름답게 쓰는 것이 나의 긍지가 될 수 있죠. 그러면서 내가 굉장히 지적이고 특별한 사람인 것만 같잖아요. 그런 과정을 다 거쳐서 우린 어른이 되니까요. 여러분 덕분에 '육체파 남성' 미시마 유키오에 대해 재밌는 대화가 정말 많이 오고 갔네요. 오늘도 모두들 재미있었습니다.

*   미시마 유키오, 금각사, 허호 옮김, 웅진지식하우스, 2017, 16p

3장

개츠비와 나

왜 '위대한 개츠비'일까? 언뜻 보면 책의 주인공인 개츠비는 전혀 위대한 인물이 아니다. 위대한 인물이라기 보단 갑자기 돈을 벌어 상류층에 합류하고 싶어 애쓰는 졸부에 가깝다. 그러나 그 사람의 악덕과 졸렬함이 전부 한 여자를 위한 거였다면 어떨까? 가지고 싶지만, 가질 수 없던 대상을 향해 온 힘으로 삶을 바친 개츠비를 읽으며, 무엇에 대해 '위대하다'라고 얘기할 수 있는지 대화를 나눠본다.

프랜시스 스콧 피츠제럴드

프랜시스 스콧 피츠제럴드(1896~1940)는 미국의 소설가이다. 1913년 프린스턴 대학교 영어영문학과에 입학했으나, 1916년 중퇴하고 미국 육군에 종군하여 제1차 세계대전에 참전했다. 전쟁 전 죽기 전에 작품을 남기기 위해 《낭만적인 에고이스트》를 집필했고, 이후 이 소설을 토대로 쓴 《낙원의 이쪽》이 1920년에 대성공을 이뤘다. 1940년 〈마지막 거물〉을 집필하던 중 그레이엄의 집에서 44세의 나이에 심장마비로 사망했다. 미완성 유작인 〈마지막 거물〉은 친구 에드먼즈 윌슨의 편집으로 출간되었다.

위대한 개츠비

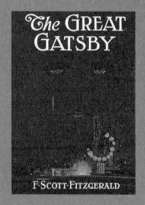

초판 표지

소설 《위대한 개츠비》는 미국의 작가 스콧 피츠제럴드가 1925년 4월 10일에 출간한 소설이며, 소설의 배경은 1922년 여름의 뉴욕시와 롱 아일랜드이다. 원래 피츠제럴드는 이 책의 제목을 '적과 백, 그리고 청색 아래에서'라는 미국의 성조기를 뜻하는 제목으로 지으려고 했지만, 편집자와 의논 끝에 '위대한 개츠비'라는 제목으로 출간되었다. 피츠제럴드는 그 자신이 '재즈 시대'라고 이름 붙인 1920년대 제 1차 세계대전이 끝나고 물질적 풍요의 극단을 경험한 미국을 이 소설에서 그려냈다.

개츠비는 왜 위대한가?

<u>곽아람</u> 먼저 이 '위대함'이라는 단어에 대해 좀 얘기해 보면 좋을 것 같아요. 영문 제목도 《The Great Gatsby》잖 아요? 제가 기억하기로는 원래 피츠제럴드가 하려고 했 던 제목은 〈적과 백, 그리고 청색 아래에서〉였어요. 적 과 백, 청색은 미국의 성조기 색깔이고요. 재즈 시대의 미국과 개츠비를 연관시키려고 했는데, 편집자와 의논 끝에 정해진 제목이 《위대한 개츠비》라고 알고 있습니 다. 그래서 먼저 개츠비가 왜 위대한 인물인지 좀 얘기 를 해보면 좋을 것 같아요.

<u>주영실</u> 언뜻 생각하기에는 그냥 예쁘기만 한 여자 때문 에 왜 그렇게 착한 남자가 부도덕한 일을 해가면서까지 돈을 버나 생각할 수 있어요. 근데 읽으면서 느낀 게 이 데이지라는 여자가 어떤 여자인지 상관없이 개츠비가 가지고 있었던 인간 본성의 순수함과 선에 대한 갈망, 아름다운 것에 대한 경탄을 의미하는 것 아닐까, 그런 건 누구나 다 가지고 있는, 불변의 것이기 때문에 이 소 설에서 그게 데이지로 형상화가 된 것 같다고 저는 생각 해요. 실제 모습의 진위를 떠나서, 자기가 지고의 선이 라고 믿었던 것에 대해서 포기하지 않고 여전히 희망을 가지고, 끊임없이 그거를 지키고 가지려고 노력하는 것. 그것을 버리지 않았기 때문에 위대한 것 같다고 저는 생

각했어요.

곽아람   그럼 영실 님도 본인이 지키고 싶은 위대한 것들이 있으세요?

주영실   있는 것 같은데 그게 뭔지 구체적으로는 모르겠어요.

곽아람   근데 뭔가 조금 마음속에 있는 건가요?

주영실   제가 양보할 수 없는 거라기보다는 제가 놓치지 않고 추구하고 싶은 건 분명히 있는 것 같아요. 근데 그게 뭔지 모르겠는데, 죽을 때까지 모를 것 같은 그런 마음이 들기는 하거든요.

곽아람   정환 님은 어떻게 생각하세요? 저자가 왜 개츠비를 위대하다고 얘기했고, 또 정환 님은 개츠비가 위대하다는 것에 동의하시는지?

봉정환   일단 저는 위대함을 약간 자조적인 뉘앙스, 비꼼의 형태로 봤어요.

곽아람   아~ 반어적인?

봉정환 네, 이렇게까지 해야 되나, '과연 데이지라는 여자가 생을 걸어가면서까지 사랑할 가치가 있는 여잔가? 대단하다 대단해' 이런 생각이 좀 들었어요. (웃음) 저는 김영하 작가가 번역한 문학동네 판본으로 읽었는데 뒤에 붙은 해설 보니 더 알겠더라고요. 실제 피츠제럴드가 살았던 곳 지명이 '그레이트넥(Great Neck)'이래요. 뉴욕 근교 롱아일랜드에 있는. 개츠비도 그곳의 주민으로 상정하고 소설을 썼다더라고요. 이 '그레이트넥'이란 공간이 소설 속에선 또 둘로 나눠 웨스트 에그에는 신흥 부자인 개츠비 같은 사람들이 몰려들고, 이스트 에그에는 예전부터 부자였던 뷰캐너 부부를 비롯한 올드머니들의 저택이 즐비하고, 소설에서 개츠비는 웨스트에그에서 데이지가 있는 이스트 에그를 선망하며 매일 바라보고. 그니까 실제 작가 거주지역과 소설의 지형도가 같으니 머릿속 무의식이 작용해서 오 그레이트!(위대한!) 이렇게 된 것 같다는 추측에 충분히 동감했어요. 딱히 '위대한'에 큰 뜻이 있진 않은 거죠.

곽아람 전 《위대한 개츠비》 때문에 그레이트 넥에 가봤어요. 제가 《바람과 함께 스칼렛》이라는 미국 문학 기행 책을 썼는데, 거기에 그 이야기를 썼습니다. 그러니까 그 동네가 그레이트 넥도 있고, '넥'이 많은 동네에요. 사실 신흥 부촌이라기보다는 미국 재벌들 별장이 많은 동네죠. 재밌는 건 그 안에 개츠비 레인이라는 동네도 있어요. 아무튼 그렇고, 정환 님 말을 들으니까 여쭤보고 싶어요. 정환 님 생각에는 '위대한'이라는 단어가 자조적이거나 비꼼의 형태라고 말씀하셨는데, 그럼 개츠비를 떠나서 정환 님은 정말 위대하다고 생각하는 가치가 있으신가요?

봄정환 개츠비랑 별개로 제가 생각하는 위대한 가치가 무엇인지 물어 보시는 거죠? 뭐랄까 거창한 이념같은 것도 사라진 시대고 '사랑' 같은 건 너무 큰 말이라 가치를 논하기 조심스럽고 저는 그냥 본인의 인격이나 존엄을 지키기 위해 자존심 구기는 걸 감수하는 것이 위대하다 생각합니다. 이게 일종의 태도를 관리하는 건데, 태도는 선택의 영역이잖아요. 속으로야 어떤 생각이든 들어찰 수 있다지만 함부로 다 꺼내지 않고 조절하는 행동. 눈 앞의 상대가 천하의 개새끼여도 때와 장소에 맞게 태도를 관리하는 사람들을 보면 저는 좀 숙연해지고 위대하다 생각돼요. 그런 태도는 결국 스스로를 지킨게 되니까요.

곽아람 보람 님은 어떠신가요? 보람 님은 《위대한 개츠비》에서 위대함이 뭐라고 생각하시는지, 개츠비가 위대하다는 데 동의를 하시는지 여쭤보고 싶어요.

김보람 당연히 딱 첫 느낌 자체는 "도대체 왜 위대한 개

츠비라고 하는 거지? 뭐가? 하나도 위대하지 않은데? 위
대한 개츠비가 아니라 바보 같은 개츠비, 한심한 개츠
비, 멍청한 개츠비, 어이없는 개츠비라고 해야 하는 거
아닌가?" 이렇게 생각했지만, 오히려 그 바보 같다, 한심
하다, 남들이 보기에 이해가 안 간다, 그 지점이 위대함
이랑 연결되는 게 아닌가. 이렇게 생각이 들면서 위대함
에 동의하게 된 거죠.

곽아람 그러면 아까 다들 다른 분한테 말씀드렸던 것처
럼 보람 님이 살면서 위대하다고 생각하고 있는 가치는
어떤 게 있을까요?

김보람 사람들이 이해할 수 없을 정도로 뭔가 자신을 버
릴 수 있는, 또 그런 가치를 위해서 뛰어드는 것을 위대
함이라고 생각했어요. 그게 희생이 됐든, 헌신이 됐든,
사심을 버리고 공적인 일에 투신하는 것이든, 어쨌든 남
들이 보기에는 이해가 되진 않지만, 나를 버리고 무언가
를 위해 뛰어드는 거죠. 또 한편으론 일상에서 매일 꾸
준히 뭔가를 이어가는 사람들에게도 위대함을 느낍니
다. 똑같은 시간에 한 번도 거르지 않고 루틴하게 어떤
것을 쭉 이어가는 꾸준함과 집요함에 제가 위대함을 느
끼는 것 같아요. 제가 또 그렇지 못해서요.

곽아람 이를테면 개츠비처럼 꾸준히 사랑하는 마음 같

은 거요?

<u>김보람</u> 거기서 느껴지는 위대함이 있죠.

<u>곽아람</u> 승연 님은 어떠십니까?

<u>배승연</u> 저는 먼저 '위대한 개츠비'라는 표현에는 정환 님 말처럼 조롱하거나 비판하는 측면이 분명 있다고 생각해요. 개츠비가 가진 부족함과 연약함이 있잖아요. 어쨌든 법을 어겨가면서 부도덕하게 살았고, 사람이 너무 가볍고 거짓된 그런 측면들이 있는데, 그런 면들에 대해서 분명히 작가가 쓴 의도에는 긍정적으로 위대하다고 말하지는 않는 측면이 있을 거예요. 근데 저는 그 측면 때문에 역설적으로 진짜 위대하다는 의미도 담을 수 있게끔 이 캐릭터가 설정됐다고 생각해요. 그 이유는 개츠비가 만약에 굉장히 성스럽고 거룩하고 멋져서, 우리가 감히 따라갈 수 없는 그런 위인전기에 나오는 사람들 같다면, 그 사람이 다른 사람을 위해 죄를 대신 뒤집어쓰고 그렇게 헌신적으로 사랑하는 게 그렇게 감동이 크게 느껴지지 않았을 거예요. 이 사람이 부족하고 양아치 같은 그런 남자인데, 한 여자를 향한 순정만큼은 지고지순한 거잖아요. 그게 고귀하고 아름답다는 생각이 들었어요. 그래서 그 부분이 위대하다. 그러니까 어쨌든 죄를 대신 짊어지고 불륜이라는 것도 개의치 않고 사랑하려고 하

는 그 부분에 대해서는 작가는 진짜로 위대하다고 생각하는 두 가지 의미가 있지 않을까. 비판하고 싶어하는 측면과 그런 면을 가진 사람이 이렇게까지 사랑할 수 있다는 위대한 측면이 동시에 있는 거죠.

곽아람 약간 그런 역설이 있는 거죠. 마음을 다해서 자신의 본성을 거슬러 가며 행동하는 것에 관해서요.

배승연 그래서 제가 생각하는 위대함은, 글에도 썼는데 누구나 자기를 돌보고 자기 삶을 열심히 사는 것도 굉장히 어려운 일이긴 한데, '나'가 아닌 다른 존재를 나만큼 사랑하는 거나 나보다 더 사랑하는 거? 그게 가장 위대한 일인 것 같아요. 평생 내가 그걸 해볼 수 있을까? 이런 생각이 드는.

곽아람 그래서 우리가 신을 일컬어 위대하다고 하는 거죠.

김태호 저도 앞서 말씀하신 분들이랑 다 비슷한 생각인데요. 개츠비가 순수가 없는 시대에서 혼자 순정을 지키고 있잖아요. 그래서 그런 시대 기류에 휩쓸려서 어떻게 보면 부도덕한 방법으로 돈을 벌더라도 어쨌든 한 사람에 대해서, 순수한 사랑을 지킨다는 점에서 개인적으로 공감은 못 하지만, 그래도 그런 점에서 위대하다는 수식어는 붙일 수 있다고 생각합니다. 제가 생각하는 위대함은 사실 아직은 잘 모르겠는데요. 저는 못 찾은 거일 수도 있고 아니면 그냥 없다고 생각하는 거일 수도 있는데, 조금 비슷한 개념은 줏대랑 행동하는 양심이라고 생각해요. 사람마다 가치관은 다 다를 수 있잖아요. 근데 그 가치관을 뚝심 있게 지키고, 행동하거나 말할 때 동전 뒤집듯이 사람에 따라 말을 바꾸는 게 아니라, 여기 있는 사람들에게 'a는 a라고 생각해'라고 말했으면, 저기 있는 사람들한테도 'a는 당연히 a지'라고 말하고 행동까지 할 수 있으면, 거기에는 위대하다는 표현을 붙일 수 있지 않을까 생각합니다.

박서희 위대하다는 뜻이 해석의 여지가 있겠으나, 여기서 릭이 시종일관 개츠비에게 되게 우호적인 태도를 보이잖아요? 작가가 의도했던 '위대한'이라는 의미는 문자 그대로 정말 위대한 사람이라고 생각했기 때문에 그런 제목을 붙인 것 같고요. 제가 생각하는 '위대함'은 약간 긍정적인 수식어들이 종류가 되게 많잖아요? '위대한'이라는 용어가 붙는 사람들은 제가 보기에는 어떤 범인의 범주에서 벗어나서 결이 다른 사람들이라고 생각해요. 예를 들어서 대단한 사람들은 주변에 많은 것 같은데, '위대한'은 약간 클래스의 차이가 있다고 느껴져요. 저도 태호 님 말처럼 꾸준하고 한결같은 어떤 태도를 지니는 것, 일종에 자기 절제? 이런 부분들을 되게 숭고하고 가치 있는 일이라고 생각하지만, 어떻게 보면 그건 약간 자기를 위한 일의 범주에 속한다고 생각하거든요. 꾸준히 운동을 한다든지, 뭔가를 하는 건 결국엔 자기 발전을 위한 거고 어쨌든 나라는 사람이 조금 더 나아지기 위해서 하는 행동이 대부분인 것 같은데, 개츠비가 위대하다고 일컬어지는 이유는 데이지라는 자기가 궁극적으로 사랑하는 대상을 위해서 자신을 희생하는 이타적인 태도가 보였기 때문에 위대한 개츠비라는 이름이 붙은 것 같아요.

곽아람 이타성?

박서희 네, 일종에 이타성이죠. 그게 위대함의 본질이라고 생각해요.

김보람 근데 데이지를 위해서 자기를 버려가면서 그렇게 하는 것도 일종에 자기를 위한 게 아닐까요?

박서희 '사랑에 빠진 나'를 위해서라는 말씀이죠?

김보람 '이 사람을 사랑하는 내가 있다'가 중요한 거죠.

봄정환 그렇죠. 저도 개츠비는 나르시시스트라서 자기애를 반영한 걸로 읽었어요.

김보람 네, 그래서 저는 개츠비가 이타적인 사람인지는 의문이 들어요.

배승연 데이지만을 위해서는 이타적이죠. 데이지에게 한정해서. 보편적인 인류에게 이타적인 게 아니라.

곽아람 그렇죠. 다른 사람은 모르겠고 데이지만을 위해서는 이타적이라고 할 수 있죠. 왜냐면 마지막에 일부러 데이지의 죄를 뒤집어쓰는데, 이런 일이 쉬운 건 아니니까요. 다만 이 이타적이라는 게 모든 사람을 사랑하는 게 아니라면 어떤 면에서 자기애일 수 있죠. 이렇게 볼 수도 있을 것 같아요. 자기보다도 그 사람을 더 사랑하는데, 그 이유는 그 사람이 자신의 마음 속에 품은 '이데아'이기 때문인 거죠. 과연 개츠비는 이타적인 인간인가, 이기적인 놈인가? 여러 가지 의견이 나오면 재밌을 것 같아요. 개츠비는 어떤 인간일까요? 먼저 관련해서 정환 님의 글을 보면서 얘기를 이어 나가면 좋을 것 같아요. 굉장히 밀도 있게 써오셨더라고요!

개츠비는 어떤 인간인가?

에르메스란 무엇인가 (봄정환)
20대에 한번, 30대에 한번, 그리고 40대를 사는 오늘 또 한 번, 이로써 지난 20년 사이 세 번쯤 읽은 셈인데, 같은 책을 몇 번이나 읽었냐 따위가 중요(할 때도 있긴 하겠으나) 하진 않다. 지금 내 신경이 붙드는 건 오직 하나, 내 시선이다. 독서란 언제나 나를 보기 위함이니까. 여전하네, 크게 달라지진 않았구나. 여전히 나는 피츠제럴드의 역작을 가슴 시린 로맨스로 읽기보단 속물들의 향연으로 읽게 되는구나. 속물이란 무엇인가. 일테면 1820년대 영국에서 첨 도래된 이 스노비즘에 관해 정의를 내린다거나 부르디외의 '구별 짓기'를 끌어와 아비투스 운운 취향으로 나타내는 문화의 위계화에 대해 뇌까릴 필요 없겠다. 이런 현시욕이야말로 속물성의 뿌리 아니겠는가. 지금 말하고픈 건 그런 게 아니다.

이런 일이 있었다. 20년이 다 되어가는 20대의 모월 모일, 형제 같던 친구 결혼식에 어릴 적 친구들이 한자리에 모였다. 늘 보던 낯짝이라 모처럼도 아니었건만, 모처럼 모인 듯한 기분을 안긴 건 모두 쫙 빼입고서 나타났기 때문이다. 모쪼록 결혼식이니까. 축하한다 친구야. 짝짝짝 하고서 우리가 했던 일이란 피로연을 가장하여 늘 마시던 술을 좀 더 마셨다는 것뿐. 양복들 입고 술 잔 치는 일이 흔치 않던 때라 설렜던 걸까. 왜 그리 많이들 먹었고, 일찍들 취했는지 모르겠다. 2차네 3차네 하며 이동 중에 쿵, 한 놈이 계단에서 나자빠졌다. 쓰러진 채 얼굴 감싸고 있는 친구를 일으키기보단 디들 비틀비틀 웃기

바빴는데, 야 이 새끼 피 봐!! 누군가의 외침에 황급히 또 다른 친구에게 나는 소리쳤다. 휴지, 손수건! 야 너 아까 그 손수건 줘봐!

근데 이 손수건 주인이 멈칫, 저는 거다. 친구 얼굴에 묻은 피부터 좀 닦자는데 쭈뼛쭈뼛 흔쾌히 내어주지 않는 것이다. 그깟 손수건이 뭐라고 얼른 꺼내질 못하냔 타박은 하지 않았다. 알았으니까, 손수건은 에르메스였고, 나는 그 손수건 주인이 어떤 인간인지 누구보다 잘 알았으니까. 사고는 처리하는 것이고, 사건은 해석하는 것이랬다. 당시 내겐 이것이 하나의 사건이었다. 피 흘리는 친구가 '사고'였다면, 본인 손수건이 에르메스라고 자랑은 해도 피 흘리는 친구에겐 선뜻 내어줄 수 없던 그 또 다른 친구는 '사건'이었던 셈. 그러니까 지금 이 일화를 꺼내게 되는 건, 《위대한 개츠비》에 등장하는 많은 이들이 내 눈에는 다 이 손수건 친구 같았기 때문이다. 나 역시 이 가열찬 귀요미들과 다르지 않아서일 텐가.

"너무, 너무 아름다운 셔츠들이야."* 개츠비 집에 처음 가서는 고작(?) 셔츠 더미에 얼굴을 파묻고 울어대는 데이지는 말할 것도 없고, 정부인 톰에게 얼굴을 맞고 꽤 많은 피 흘리면서도 "베르사유풍경이 그려진 태피스트리 장식을 더럽히지 않으려고 그

---

*   프랜시스 스콧 피츠제럴드, 위대한 개츠비, 김영하 옮김, 문학동네, 2009, 117p

위에 과월호를 펼치고 있는."* 머틀 역시 그렇다. "돈으로 충만한 목소리야."** 자신이 사랑한다는 여자를 두고서 이렇게 말하는, 다 알고 있고 그래도 괜찮다는 듯한 개츠비는 어떤가. 태생적으로 '개천드래곤'을 꿈꿀 수밖에 없는 그에게 처음 만난 상류층 여자가 데이지가 아니었다면, 아니었대도 과연 이렇게까지 할 수 있었겠냔 의구심이 드는 건, 이들 모두의 의식 밑단엔 하나의 줄기, 앞서 언급한 나의 저 손수건 친구 같은 면모가 흐르기 때문이다.

허영이니, 허세니 하는 말로는 모자란다. 구태여 이들을 규정짓자는 건 아니지만 불안, 그래 굳이 한 단어쯤 보탠다면 불안이라 해두자. 이들 모두의 의식 밑단에 흐르는 이것, 있으면 있는 대로, 없으면 없는 대로 우리 모두에게도 있는 이 불우한 불안.

곽아람 '속물성'을 주제로 글을 써 주셨는데 아주 인상 깊게 잘 읽었어요.

봄정환 사실 이 글을 생각한 건, 마지막에 개츠비가 죽은 다음에 아무도 오지 않았잖아요? 그러니까 소설 배

---

*　프랜시스 스콧 피츠제럴드, 위대한 개츠비, 김영하 옮김, 문학동네, 2009, 52p
**　프랜시스 스콧 피츠제럴드, 위대한 개츠비, 김영하 옮김, 문학동네, 2009, 151p

경이 광란의 재즈시대라 그랬겠지만, 이 작가가 의도적으로 배치를 한 것 같은데, 보여주고 싶었던 것 같아요. 평소 화려한 파티 때는 너도 나도 와서 꿀 빨고 술 빨던 이들이 막상 개츠비 죽음 뒤엔 발길을 딱 끊는 사람들. 우리가 살면서 다 알잖아요. 정승 집 개가 죽으면 문전성시를 이루는데 막상 정승 죽으면 아무도 안 오듯이. 제가 이 에르메스 친구를 떠올린 건, 소설에 나오는 머틀이라는 여인 보면서였어요. 초반에 등장하는 톰의 정부요. 톰에게 얼굴 맞아 피 흘리는데도 태피스트리 장식 더럽히기 싫어 과월호 잡지 펼치잖아요. 그리고 굳이 밝히자면, 저는 제 글 속 친구의 태도가 꼭 나쁘다고만은 생각하지 않아요.

배승연 정도의 차이는 있지만, 누구도 벗어날 수 없는 속물성은 다 가지고 있다고 생각하고요. 슬펐던 거는, 그래서 더 개츠비의 위대함이 드러났는지 모르겠지만, 개츠비가 사랑하는 여자가 나중에 배신하는 그런 부분들을 보고 되게 참 별로라고 생각했거든요. 그 시대가 그랬겠지만, 이 작가가 경제적 부를 어느 정도 가지고 있느냐, 그리고 출생, 태생부터 부자였느냐의 여부를 가지고 너무 양분화해서 경제적 부로 속물성을 가르는 부분이 좀 단순해 보였어요. 사실 각각의 히스토리와 맥락이라는 게 있을 수 있잖아요.

<u>봄정환</u>　도식화했다?

<u>배승연</u>　정말 부유해도 그렇지 않은 사람도 있을 수 있고, 정말 경제적으로 속물적일 수 있는데, '이래서 고전인가?' 할 정도로 너무 옛날 고전 소설 읽는 기분이었어요. 그래서 저에게 이 소설의 속물성이라는 키워드는 좀 재미가 없었어요.

<u>곽아람</u>　서희 님은 어떠세요?

<u>박서희</u>　저도 그냥 속물 같은 사람들은 맞는데 거북하게 다가오지는 않는, 그냥 일상에서 볼 수 있는? 그냥 우리네 모습 같은 사람들이었어요.

<u>곽아람</u>　영실 님은 어떠셨어요?

<u>주영실</u>　저는 이건 데이지의 잘못이 아니라고 생각하고 있습니다. (웃음) 저도 그렇거든요. 그리고 또 한 가지 덧붙이자면, 정환 님 글을 읽으면서 제 글에서 잊어버리고 못 쓴 부분이 생각났는데 이게 번역본이잖아요? 그래서 이게 이렇게 다를 수 있다는 걸 하나 느꼈는데, 제가 이 책을 읽다가 '처음 만난 우아한 여자였다' 그런 구절이 나왔어요. 그래서 '우아'라니? 이 원본은 뭐라고 돼 있을까 하고 봤더니 'nice'라고 돼 있더라고요. 그래서 '그렇지,

nice 굉장히 여러 뜻을 포함하고 있지' 그래서 다른 번역본 김영하 작가의 문학동네 판본을 봤어요. 거기엔 상류층이라고 나와 있어요. 그래서 이게 역자의 시각에 의해서 이렇게 다르게 될 수도 있구나 하는 생각이 들었어요.

<u>봉정환</u> 저도 처음에는 민음사 판으로 봤었거든요. 아주 오래전에.

<u>주영실</u> 그리고 또 한 가지 지금 정환 님이 쓴 이 부분에 대해서, 이런 거 싫죠! (글 특정 부분을 가리키며) 사실 기껏 생각한다는 게 고급 와이셔츠 보고 감탄하는… 실망스럽기는 한데, 얼마 전에 읽은 성경 구절이 생각났어요. 노아의 방주 얘기였는데 세상이 너무 타락한 걸 보고 하나님이 화가 나서 노아에게 배를 만들고 거기에 흠 없고 정결한 동물들 한 쌍씩 일곱 쌍, 일곱 커플 해서 싣고, 그다음에 흠 있는 것들 한 쌍도 같이 실어라 그랬는데 그 부분 확인해 보고 제가 깜짝 놀랐어요. '이랬었나? 흠 있는 얘들은 왜 실으라 그랬지? 그리고 흠이 있다니? 어떤 흠을 말하는 거지?' 그리고 영어 성경에서 해당 부분을 찾아봤어요. 그랬더니 unclean이라고 돼 있더라고요! '이래서 세상은 이럴 수밖에 없는 거구나. 흠 있는 피조물이 많은… 이래서 위대한 개츠비가 사랑한 여자가 데이지 같이 흠 있는 여자일 수밖에 없구나'라는 생각이 들었어요. 그래서 이 부분 읽으면서도 결코 데이

지를 미워하지는 못했어요.

곽아람　태호 님은 어떻게 보셨어요?

김태호　저는 그 등장인물들은 되게 솔직하다고 봐요. 당연히 저도 '그럴 수 있다'고 생각하고요. 왜냐하면, 저도 최근에 결혼식을 갔는데 하객들 넥타이 보면서, '저거 어디 걸까?', '저거 에르메스래', '저렇게 촌스러운데 어떻게 에르메스야' 그런 얘기를 했었거든요. 근데 그런 솔직함이랑 사람에 대한 예의는 약간 구분을 지어야 한다고 생각을 하는데, 장례식장에 아무도 안 왔고, 추모의 뜻을 이렇게 내비치지 않는 거는 사람에 대한 예의가 부족하지 않았나 이렇게 생각을 하고요. 그다음에 써주신 글 제가 처음에 보고서는 제목에 성함이 없어서 누구 글인지 몰랐어요. 그 제목도 없고 제목도 맨 밑에 있어서 그래서 근데 처음 읽으면서 든 생각이 '이거 정환 님 같은데?' (공감과 웃음)

김보람　근데 어떻게 됐어요. 근데 결국 진짜 안 줬어요? 끝까지?

봄정환　말 길어지면 안되니까 결론만 얘기하면 결국은 줬죠.

김보람 에르메스 손수건으로 바닥에 피를 닦았다고요?

봄정환 네, 그리고 이 글에는 편의상 손수건이라고 썼는데, 실화에서는 남자들 스카프였어요. 이게 2004년 10월이었어요. 지금보다도 에르메스가 흔치 않던 때라 얘가 슬쩍 자랑하고 싶어하는 것 같았거든요. (웃음)

배승연 '나는 에르메스로 피 닦는 사람이야' 뭐 이런 거 아니야!

봄정환 비단 에르메스라서 그런 게 아니라 저는 이제 이해해요. 아무리 사소한 거라 할지라도, 휴지 한 장이라 하더라도, 동의 없이 내 물건 막 가져하고 이런 게 이제는 싫더라고요. 나이 먹고서는.

곽아람 저는 옛날부터 싫었는데. (웃음) 이제 영실 님이 읽어주시면 좋을 것 같아요. 오늘 모임 전에는 개츠비 책과 영화에 별로 감흥 없다고 하셨잖아요? (웃음) 다시 읽고 나서 생각이 많이 바뀌신 것 같은데, 어떻게 생각이 변하셨는지 얘기가 들어가서 글이 너무 재밌더라고요.

소설 '위대한 개츠비'와 독서모임 중림서재 (주영실)
영화 위대한 개츠비를 본 것이 아마 십수 년 전이었을 것 같고, 상영관 아닌 텔레비전의 '주말의 명화'

같은 프로그램에서이었던 것 같다. 영화로서 그다지 큰 감동 없이 보았었다. 아마 같이 보았을, 영화를 좋아하고 영화에 대한 기억이 남다른, 한때 영화감독이 꿈이었다는 남편에게 물었다. "여보 그 위대한 개츠비 우리 봤지?, 여주인공이 미아 패로우 맞지? 남자주인공은 로버트 레드포드였나?" 남편의 답은 간단했다. 그 줏대 없는 여자 나오는?

정확한 표현이었고 결국 그 이후에 아무 말도, 그 이상의 정보는 얻을 수 없었다. 보통은 어떤 영화를 언급하면 대개 줄줄이 이런저런 배경 이야기를 하는 사람인데 그 영화에 대해서는 그랬다. 나도 막연히 저 영화의 제목이 왜 위대한 개츠비인지 주인공 개츠비가 왜 위대한지에 대한 감동이나 공감이 아마 없었던 것 같다. 다만 여주인공의 의상, H라인의 하늘하늘한 느낌의 흰색 로우웨이스트 원피스와 흰 모자 정도는 기억에 남아 있다.

소설 위대한 개츠비는 위대한 소설이라 한다. 그리고 영화 아닌 소설을 읽고 난 지금, 결론부터 말하자면 나는 그 소설과 소설의 주인공 개츠비 모두 '위대하'다는 표현에 공감한다.

이번에 새삼 느끼게 된 사실이, 번역된 외국의 문학 서적을 읽을 때 어떤 번역본을 읽어야 하는지 잠시 고민하게 된다. 이번에도 두 권의 번역서와 영어 원본, 그리고 e북까지 모두 네 권을 주문하는 것으로 시작했다. 그리고 같은 소설을 10년 간격을 두고 두 번의 역서를 낸 번역가의 책을 선택했고, 관심 가는 표현에 대해서 다른 번역자의 번역본과 원본을 참고해 보았으며, 이런 과정 또한 소소한 재미이었던 것 같다. 지금으로부터 한 백 년 전쯤에 미국 뉴욕을 배경으로 쓰인 소설 속의 대화를 어떻게 현재 대한민국에 사는 우리가 정확하게 이해할 수 있을까 하는 것도 흥밋거리였다. 예를 들어 개츠비가 화자 닉에게 가끔 사용한 '형씨'라는 표현은 원본에 보니 'Old sport'라고 되어 있는데 영어사전에서도 찾기가 힘들었다. 우리 가족 중 그래도 가장 영어와 친숙한 아들에게 'Old sport'가 무슨 뜻인지 아느냐 요즘도 그런 말 쓰느냐 물었더니, 역시 우리 아들, 국제화시킨 보람이 있구나 싶었다. 요즘 거의 안 쓰는 말이란다. 참고로 다른 역자의 번역본에는 '친구'라고 번역되어 있었다. 나는 '형씨!'가 더 마음에 든다.

다시 위대함에 대한 이야기로 돌아가자면, 작가 스콧 피츠제럴드는 불과 20대의 나이에 "모든 작가는 자기 세대의 젊은이들, 다음 세대의 비평가들, 그리고 그 뒤의 영원한 미래 세대의 교육자들을 위하여 작품을 써야 한다."고 말한 적이 있다고 한다. 여담이지만 이 말을 잘 새겨 보면 나는 전공 선택을 잘한 것 같다는 생각이 든다. 어쨌든 이 소설은 '현대의 고전'이라 일컬어지고 있으며, 미국에서만 해마다

30만 권 이상이 팔리고 있고, 영어로 쓰인 가장 위대한 소설로 선정된 바도 있다고 한다. 작가는 자신의 이 소설 제목에 대하여 많이 고민했었으며 결국 '위대한'이라는 수식어를 남자 주인공의 이름에 붙인 '위대한 개츠비'로 결정했다고 한다.

위대한 소설의 여주인공은, 더구나 남자 주인공이 삶 전체를 송두리째 바친 여주인공에게는 뭔가 남다른, 범상함을 뛰어넘는 불멸의 지고한 가치 같은 것이 있어야 하지 않을까, 그러나 데이지는 미모와 패션 감각 말고는, 진실과 삶의 진리 같은 것을 끊임없이 추구하는, 우리 같은 독자들에게 어필하는 그 무엇인가를 찾아볼 수가 없는 유형의 인간이다.

그럼에도 불구하고 그녀에 대한 개츠비의 순수하고 부단한 사랑과 갈망이 결코 무모하다거나 무가치하게 여겨지지 않는 이유는, 그것이 삶에 대한 인간의 꿈과 환상과 이상과 같은 선상에 놓일 수 있는 가치이기 때문일 것이다. 삶의 부조리와 허망함과 무의미함을 이길 수 있는 숭고한 가치를 아름다운 문장으로 그려 내며 삶의 비극적 이면을 극복할 수 있는 힘을 우리에게 주고 있다.

독서모임이 아니었더라면, 소설 《데미안》이 왜 중고생의 필독 도서인지, 소설 《금각사》를 읽으며 천재성과 정신병증이 어떻게 달라야 하는지, 소설 《위대한 개츠비》가 왜 위대한 소설인지에 대해 생각해보는 기회가 없었을 것이다. 어제 금요일 오후, 배경음악으로 들리던 베토벤 교향곡 6번 전원은 독일 라이프치히 교향악단의 연주이었고 지휘자 헤르베르트 블롬슈테트는 당시 나이가 아흔이 넘었었다고 하는 멘트가 들렸다. 30년 후에 《위대한 개츠비》를 다시 읽을 기회가 있을 수 있을까? 만약 다시 읽게 된다면 그때도 마지막 페이지를 넘기며 '아름답다고', '감동적이라고', '마치 한 폭의 수채화를 본 것 같다고' 느낄 수 있을지 모르겠다. 꿈과 환상, 그리고 그것을 성취하기 위해 온갖 희생을 무릅쓰는 개츠비의 '위대함'에 그 때도 나는 감동하게 될까. 신은 우리에게 설명을 해주시지 않는 것 같다. 그의 계획과 그의 큰 그림은 인간에게는 범접할 수 없는 영역이라니까. 그럼에도 불구하고 주말 늦은 오후, 이 소설들을 읽으며 계속 신의 그 큰 그림이라는 것을 떠올리게 되고, 무엇보다 바쁘고 고단한 일상을 잠시나마 잊게 해주는 시간을 가질 수 있었던 것은 나에게 큰 위로요 위안이었다.

곽아람 근데 남자들은 또 데이지 같은 여자를 좋아해요.

박서희 《데미안》 읽을 때도 번역본 찾아보셨다고 말씀하셨었는데, 영실 님 글을 읽을 때마다 느끼는 게 학구열이 대단하신 것 같아요. '형씨' 저도 이 표현이 살짝 예스러우면서도, 근데 또 이걸 너무 현대적으로 번역해 놨으면 오히려 더 좀 깼을 거 같고 그래서 저도 이 표현이 되게 마음에 들더라고요. 특정 시대 배경의 드라마 볼 때도 요즘 시대 밈 같은 게 나오면 되게 어색하잖아요? 그래서 이 표현 나올 때마다 되게 좋았었는데 이거 언급해 주셔서 좋았어요.

곽아람 굉장히 꼼꼼하게 문장 하나하나, 단어 하나하나까지 의미를 생각하면서 읽으신 게 느껴져서 감탄스러웠습니다.

김태호 저도 마지막에 모임 전체를 정리해 주셔서 되게 감동적으로 읽었고요. 개인적으로 영실 님 글은 개인사랑 책에서 말하고자 하는바 사이를 잘 왔다 갔다 하는 것 같아요. 그래서 되게 가벼운 발걸음으로 돌다리를 건너듯이, 둘 사이의 영역을 경쾌하게 잘 오가는 것 같습니다. 개인적으로 궁금한 게 하나 있는데요, 끝에서 두 번째 문단에… "그럼에도 불구하고 그녀에 대한 개츠비의 순수하고 부단한 사랑과 갈망이 결코 무모하다거나 무가치하게 여겨지지 않는 이유는 그것이 삶에 대한 인간의 꿈과 환상과 이상과 같은 선상에 놓일 수 있는 가치이기 때문일 것이다." 이렇게 쓰셨잖아요? 그러면 어쨌든 영실 님은 순수한 사랑이 약간 이상향이라고 생각하시는 건지, 그냥 그런 뜻으로 이렇게 쓰신 건지.

주영실 그냥 우리가 이상향이라고 생각하는 여러 가지 가치들, 예를 들어서 종교라든지 어떤 예술이나 미를 추구하는 그런 거라든지 일반적으로 높은 가치를 지닌 것과 데이지에 대한 사랑과 집착이나 순정 그런 것이 결국은 다 비슷한 가치라고 생각한다는 거죠. 데이지가 속된 여자라는 것 즉 '상대의 부족함-흠결' 같은 거는 크게 문제 되지 않는다는 얘기를 하고 싶었어요. 대상이 그렇게 시원치 않다고 해서 데이지를 향한 개츠비의 사랑을 폄하해서는 안 된다. 그런 얘기를 하고 싶었던 것 같아요.

곽아람 한편으로 저는 이 소설을 읽으면서 어떤 생각이 들었냐면 우리가 닉의 시선으로 데이지를 보는 거잖아요? 좀 남성 중심적이라는 생각도 되게 많이 들었어요. 좀 마음에 안 들 수도 있잖아요. 개츠비가. (웃음) 근데 좋아하면 다 사귀어야 되나? 어떻게 보면 스토킹일 수도 있는데, 그렇잖아요? 심지어 집도 데이지네 건너편에 지었어요.

봄정환 그게 사실 되게 무서운 건데.

곽아람 데이지가 결혼했는데도 어떻게 사는지 계속 보는 거잖아요. 그래서 집착과 사랑 간의 관련성, 둘 사이의 경계가 무엇인가, 하는 생각이 들어요. 물론 닉의 관점에서는 굉장히 아름다운 사랑으로 묘사됐지만 데이지에게도 우리가 물어봐야 한다. 데이지는 잘못이 없다.
(웃음)

김보람 저도 재밌게 읽었고, 작가가 한 얘기를 인용해서
적어주셨잖아요. "모든 작가는 자기 세대의 젊은이들,
다음 세대의 비평가들, 그리고 그 뒤의 영원한 미래 세
대의 교육자들을 위하여 작품을 써야 한다." 이 작가가
이걸 강조했다는 거는 본인은 그런 작품을 썼다는 거잖
아요. 그래서 이 《위대한 개츠비》가 그래서 현대의 고전
이 됐고, 진짜 이 세대의 젊은이 다음 세대 비평가들, 다
음 영원한 교육자들을 위한 이 책이라고 생각하시는 거
예요?

주영실 제가 읽은 판본에는 뒤에 역자의 후기 같은 게
나오는데 발표된 당시에는 젊은이들한테 큰 호평을 받
지는 못했었대요. 근데 세월이 지나가면서 점점 호평을
받고 20세기 미국 문화를 대표하는 작품이 됐다는 거는
어느 정도는 도달한 거 아닌가. 이거는 이 사람이 젊었
을 때 한 얘기고 그러니까 그런 마음을 가지고 썼다, 그
런 얘기였던 것 같아요. 젊은 사람이 스물네 살에 작가
의 길을 가려고 생각하면서 이런 생각을 했다는 게 좀
놀랍잖아요.

김보람 근데 진짜 그냥 순수한 궁금증인데, 이게 왜 그

렇게 고전이 된 걸까요?

곽아람　제 생각에는 일단 피츠제럴드라는 캐릭터 자체가 당시 미국 문화에서 지금의 하루키 같이 충격적으로 화려하고 세련된 문체를 가져다 썼기 때문인 것 같아요. 공황이 오기 전에 있던 흥청망청하고, 화려하면서도 세계가 망할 것 같은 퇴폐적인 재즈 시대의 분위기를 굉장히 잘 묘사했던 것 같아요. 처음에 지으려 했던 제목도 성조기와 연관된 제목이었잖아요. 즉, 이 소설 자체 그리고 개츠비라는 상징이 당시 미국적인 것의 총체라고 작가는 봤던 거죠. 물론 이런 주인공과 이런 스토리는 굉장히 흔합니다. 〈이수일과 심순애〉도 그렇고. 그래서 결국 어떤 방식으로 캐릭터를 구축해서 어떤 시대에 어떻게 표현하느냐의 문제인 것 같습니다. 어디까지나 제 생각이지만 '고전'이란 계속 오랫동안 읽힐 수 있는 이야기라는 측면에서 《위대한 개츠비》는 그런 이야기가 아니었나 합니다.

배승연　저는 세 편의 글을 보고서 진짜 좀 부끄러웠어요. 글이 정말 논리적이신데, 역시 이과이신 것 같아요. 그런데 이렇게 성실하게 준비하시는 것부터 시작해서 되게 글을 읽으면 이 책을 읽지 않아도 될 정도로 정말 글을 잘 써주신 부분이 되게 감사하고 존경스럽다는 생각이 들었어요. 근데 딱 하나, 마지막 회차에는 그래도 조금 기대를 했는데, 아쉬운 게 뭐냐면 저희 이번 글쓰기 주제가 '순정과 재즈 시대'잖아요. 근데 영실 님의 소녀 시절? 사랑하는 얘기? 영실 님의 현재 사랑? 이런 얘기가 궁금했거든요. 근데 글에는 그런 부분까지는 담기지 않아서 오늘이 마지막 모임이라 좀 아쉬워요.

<u>곽아람</u> 결혼하셨기 때문에 그런 얘기 하면 안 돼요! (웃음) 공개하실 생각은 없으신 거죠? 현재의 사랑, 과거의 사랑 등등.

<u>주영실</u> 피츠제럴드가 24세에 했던 얘기, '글이란 어떤 것이어야 된다'라는 이야기를 맨 앞부분에 쓰면서 그 생각을 아주 많이 했어요. 글을 쓰고 싶다는 생각을 어렸을 때부터 계속 했지만, 글이라는 게 자기의 뭐랄까? 자기 내면의 갈등이나 고통의 배설 창구여서는 안 된다는 생각에 제가 너무 지나치게 사로잡혀 있는 것 같아요. 가정주부이자 직업인이자 이렇게 바쁘고 고단하게 사는 사람이니까 제 모든 생각은 다 가족과 직업일 수밖에 없어요. 문학적인 거를 생각하는 여유 없이 오로지 숙제하기 위해서… 하는 거기 때문에 제 이야기를 일부러 안 쓰려고 많이 노력해요. 복잡한 심경 때문에 내 자신을 감추려고 많이 노력해서 그렇죠. 승연 님 말처럼 오늘의 주제가 '순정과 재즈 시대'였잖아요. 오늘 여기 오는 길에, 네비 보며 운전하면서 순정에 대해서 뭐라고 얘기를

해야 하나 생각하다가 '너무 웃겨! 순정이나 재즈에 대해서 생각해 본 지가 너무 오래됐어'라는 생각이 들었어요. (웃음) 그래서 사실은 오늘 보람 선생님이 사랑 시 쓰시고, 항상 우리의 연애 얘기를 듣는 거 보면 나는 왜 이럴까 하는 생각이 드네요. 그래도 뭐라고 말해야 할지 모르겠어요. 순정에 대해서는.

개츠비와 사랑

<u>곽아람</u> 이번엔 가장 짧은 글을 써주신, 보람 님의 글을 들어보죠. 읽어주십시오.

위대한 개츠비와 나 (김보람)

행복해지기 위해 사랑을 이어가는 것인지,

불행해질 것을 뻔히 알면서도 사랑을 이어가는 것인지.

사랑과 집착의 경계선은 어디까지인지.

그를 위해 대신 죽을 수 있다는 것이 곧 사랑의 다른 말인 것인지.

있는 그대로의 나를 사랑해 주는 사람을 사랑할 것인지.

그를 위해서 나를 바꾸기 위한 노력을 하는 것이 사랑인 것인지.

이상과 현실 그 사이에서 사랑은 어디쯤 존재하

는 것인지.

정답 없고 결론 없는 사랑 속에서 어떤 답을 얻으려고 애쓰는 것인지.

곽아람 자신의 연애사를 돌아보신 건가요?

김보람 제가 사랑할 때 저는 어떤 사랑을 하는지, 그리고 어떤 사랑을 추구하는지, 그리고 제가 어떤 것을 사랑이라고 인식할 때는 진짜 이게 사랑인 건지, 내가 이 사랑을 위해서 어디까지 갈 수 있는지 그런 것들을 돌아본 거죠.

곽아람 보람 님은 예를 들자면 데이지와 개츠비가 있다면 어느 쪽이신 것 같나요?

김보람 데이지랑 개츠비요? 캐릭터 중에요?

배승연 왜 망설이시죠? (웃음)

김보람 개츠비에 가깝지만, 여기 적었듯이 저는 이 사랑이 불행으로 갈지, 파멸로 갈지 이런 건 상관없이 그냥 쭉 돌진해요. 내가 행복해지기 위해서 사랑하는 것보다도 그냥 이게 좋으니까 이게 불행할 수도 있지만, 사람은 늘 또 그런 불행함이 있으니까, 그거를 감수하지만,

168

이 사람을 위해서 자신 스스로 바꿔야 한다면 저는 거기서는 그냥 멈출 것 같아요. 그냥 저 사람이 원하는 그 모습에 맞추고 싶지는 않아서. 그러면 그렇게 맞추고 싶지 않다는 게 '그럼 이건 사랑하지 않는다는 건가?' 이런 생각을 하는 거죠. 그래서 그런 갈등과 혼란과 모순 속에서 늘 그냥 그런 사랑을 한다고 생각해요.

곽아람 태호 님 어떻게 들으셨나요?

김태호 그 사람이 어떤 사람인지 좀 더 구체적으로….

주영실 결혼하셨는지 물어보려고 그런 건지….

김보람 결혼이요? 결혼은 아직 한 번도 못 했어요.

김태호 남의 연애사가 제일 재밌는 법이잖아요. 그래서 개츠비를 읽으면서 여러 포인트를 잡을 수 있잖아요? 사랑이라는 포인트를 잡을 수 있고, 그 시대상에 포인트를 잡을 수 있고 아니면 아까 나온 속물성에 대해서 포인트를 잡을 수 있죠. 근데 저는 많은 사람이 사랑에 대해서 포인트를 잡겠다고 생각은 했는데 저는 그렇게 읽지는 않았었거든요. 그래서 좀 그런 게 궁금했어요. 그렇게 포인트를 잡는 분들은 어떻게 읽으실지. 써주신 글이 단상이긴 하지만 얼핏 엿볼 수 있었던 것 같습니다.

김보람 그냥 그런 거죠. 그러니까 이게 사랑인 건가? 집착인 건가? 아까 얘기한 것처럼 이게 진짜 데이지를 사랑하는 건가? 데이지를 사랑하는 나를 사랑하는 건가? 그럼 나는… 나는 어떤 거지? 계속 그걸 이렇게 돌아보게 되는.

김태호 네, 그래서 그런 생각을 알 수 있게 되는 글이었습니다.

김보람 근데 진짜 저는 사실은 속물성에 대해서는 포인트를 두지는 않았거든요. 책에서 그게 저한테는 그렇게 와닿지는 않았어요. 저는 계속 그냥 사랑.

곽아람 그러니까 인간은 정말 다 다른 존재예요. 자기만의 시각이 있고, 자기라는 존재를 통해서 세상을 들여다보기 때문에 같은 책을 읽더라도 주목하게 되는 포인트가 굉장히 다른 것 같습니다. 어떠세요, 영실 님?

주영실 그래서 아까처럼 이 양반 결혼했나? 이게 먼저 궁금했고요. 너무 순수한 것 같아요. 지금도 사랑에 대해서 이렇게 시 같은 글을 쓸 수 있다는 게.

김보람 순수요? 처음 들어봤어요. (웃음)

주영실　아니 한 편의 시 같잖아요. 저는 사실 이 소설에서 작가가 말하고 싶은 주제가 '사랑'보다는 다른 데에 있다고 생각해서, '사랑'이라는 주제가 차지하는 부분이 작다는 생각에 너무 사로잡혀 있었어요. 그래서 그런지 이들의 사랑이 순수한지, 아닌지 이런 거를 생각할 여유가 없었어요.

김보람　제가 사랑이 넘쳐서 그런가 봐요.

박서희　저도 다른 분들이랑 비슷한 의견인데, 이 소설을 전혀 로맨스 소설이라고 생각하지 않았었는데, '사랑'에 뭔가 비중을 크게 주고 쓰신 것 같아서 새로웠어요. 저는 이 소설에서 개츠비의 사랑이 한 부분을 차지하고 있는 건 맞지만, 그냥 데이지도 결국은 주변 인물 중에 하나라고 읽었거든요. 그러니까 다양한 인간 군상을 보여주는 인물 중에 하나고, 개츠비가 사랑하는 대상일 뿐이지 대단히 큰 비중을 가진 인물은 아니라고 생각했어요.

김보람　이건 솔직히 《위대한 개츠비》 소설에 대한 평이나 이런 게 아니라 그냥 '저'에 대한 얘기에 가까워요.

곽아람　위대한 개츠비가 '나'니까. 어쨌든 사랑 이야기에 중점을 두셨다는 점이 신선했나 봐요. 봄이니까.

배승연 저는 보람 님이 쓰신 거를 읽으면서 속으로 다 답변을 했어요. 제 안에 있는 답을 가지고 행복해지기 위해 사랑을 이어가는 것인지 물었을 때 사랑의 목적이 행복은 아니지만, 사랑하는 과정과 사랑에서의 고통과 사랑에서의 모든 결과물들이 우리에게 다 순간순간의 행복일 거라는 생각을 했고, 불행해질 것을 뻔히 알면서도 사랑을 이어가는 것이라고 하셨는데 그게 질문인지, 아니면 그거에 대해 답을 가지고 계신 건지 모르겠는데, 마더 테레사 수녀님도 그러셨거든요. 정말 고통스러운 걸 감내하면서, 내가 고통 받은 걸 알면서도 사랑을 하는 것이 사랑이라고 하셨거든요. 사랑과 집착의 경계선이라고 말씀을 하셨는데 상대가 어떤 사랑을 원하는지를 들여다보는 게 중요할 것 같아요. 내가 원하는 사랑이 아니라 상대가 이성이건, 동성이건, 가족이건. 그리고 그를 위해 대신 죽을 수 있다는 것이고요. 제가 생각하는 사랑의 100% 완성형, 마지막 궁극적 목표는 이거라 생각을 하거든요. 제가 최근에 되게 감동적이었던 말 한마디가 저희 선교에 있는 어떤 커플 언니 오빠들이 있는데 그 얘기를 했대요. '오빠 나를 위해서 죽을 수 있어?' 그래서 그 얘기를 듣고서 형제 선교사가 '이 여자가 미쳤나?' (웃음) 뭐 이런 생각을 하면서 같이 함께 할 수 있을까 하는 생각을 하셨는데, 저는 질문한 그 언니를 존경하게 되었거든요. '맞아. 핵심은 저거야! 내가 누군가를 사랑할 때 내가 저 사람을 위해…' 제가 너무너무 좋아했던 사람이 있었는데 그 사람이 지금 현재 하느님 거가 되어서 공동체의 어떤 수도자예요.

곽아람 '하느님 것'이라니…. (웃음)

배승연 너무 멋있고 아름다운 사람인데 그 사람을 위해서 제가 이런 마음까지 먹어봤거든요. 그 사람이 백수면 '그래! 저 오빠 내가 먹여 살려야지!' 이런 마음까지 먹었는데 그것이 종착점이 아니었구나. 죽을 수 있어야 되는 거구나. 이런 생각들을 그 언니 오빠한테 제가 딱 다짐을 했었고. 그를 위해 나를 바꾸려고 노력하는 것이 사랑이라고 했을 때 다들 그렇게 말하잖아요. 심리학 서적에서 '나를 바꾸는 건 사랑이 아니'라고 하는데, 저는 약간 반대로 생각을 하는 게 사람이 서로 만나서 사랑하고 성장하는 데 있어서 내가 다듬어지고 깎이는 면이 있기 때문에 만나는 거라 생각해요. 내 기질이 다 뒤집어지는 게 아니라 저 사람을 위해서, 저 사람이 불편해하는 걸 내가 바꿀 수 있는 게 진짜 사랑이라고 생각을 해요. 그래서 정말 정답 없고 결론 없는 사랑이라 했는데 정답은 있는데 우리가 그걸 살아내기가 힘든 것이고, 이상과 현실 사이의 사람이 어디쯤 존재하는 것인지라는 질문에 대해서 이상이 있는데 우리는 현실에 발을 딛고 이상을 향하면서 사랑을 해야겠지, 이런 생각을 했어요. 내가 예수님처럼 될 수는 없겠지만 그걸 지향하며 계속 사랑을 하기 위해 살아 나가는 게 삶이겠지, 보람 님 글을 읽으며 혼자 이런 답을 했습니다. 되게 삶의 핵심적인 질문들을 던진 글이라고 저는 생각해요.

김보람 감사합니다.

개츠비와 나 (배승연)

십수년도 더 전에 싸이월드에서 반짝인기를 끌었던 두 노부부의 사진이 있었다. 시인 서정주와 그의 아내가 손을 잡고 웃고 있는 사진. 서정주보다 그의 아내의 웃음은 노인의 것이라고 믿기지 않을 정도로 해사하고 말간 소녀의 미소를 닮아 있었다. 그녀의 눈부신 미소를 보고 있자니 대학에 들어간 서정주가 친일로 돌아선 것을 보며 그의 시가 반쪽짜리라고 꼬리표를 달았던 마음이 사라졌다. 그는 나라를 잃었던 조선의 일원이나 시대를 대변하는 시인이기 전에, 한 여자의 남자였던 것이다. 어린 날에는 어떻게 변절할 수 있냐며 느꼈던 배신감에서 '그래, 그럴 수 있지'라고 이해가 절로 되었다.

　방법과 과정이 아름답지 않았던 불법 밀주로 벼락부자가 된 개츠비는 서정주처럼 우리 삶에서 가장 중요한 사랑이 하고 싶었던 것이다. 내가 가장 좋아하는 들꽃 마을의 최영배 신부님이 이런 말씀을 하셨다. '사람들은 너무 복잡하게 생각한다. 단지, 사랑하면 그뿐인데...' 개츠비도 그저, 삶에서 사랑하는 것에 집중하며 다른 것들에 대해서는 부수적임을 본능적으로 알았던 것일까?

사실, 소설 '위대한 개츠비'의 서술자의 말처럼 소설 초, 중반에 그려진 내가 대놓고 경멸하는 모든 것을 대변하는 존재'였'다. 비록 연약한 인간으로서 쉽지 않은 길이지만, 선교사로 서약하면서 결과보다 과정, 효율보다는 인간과 사랑을 중시하는 삶을 살고자 노력하고 싶었던 나에게 개츠비는 인간이기에 또 할 수 있는 지저분한 방법과 거짓으로 점철된 모습으로 쟁취해 나가는 것들이 그다지 내게는 '심하게 별론데?' 싶어질 뿐이었다.

그러나 개츠비 그가 그런 얕은 도덕성을 가졌고, 나약하며 인간의 품격을 느낄 수 없었던 유형의 사람임에도 불구하고 사랑하는 이를 위해서 자신을 내던질 수 있는 인간이 지닐 수 있는 가장 아름다운 아가페적(이타적)인 사랑의 모습을 보여주었다. 그가 가진 위대함은 위대함과는 거리가 먼 세속적이고, 깊지 않은 인간임에도 불구하고, 그가 지닌 그런 면들을 비웃기라도 하듯 인간이 가진 가장 위대한 능력, 희생적인 사랑이리라.

2019~2020년도에 우리가 열광했던 〈동백꽃 필 무렵〉의 남주 '용식'이 같은 모습은, 강하늘의 꽃미모를 떠나서 내게 딱 이상형 그 자체인 모습이지만, (존재

는 하는 건지 알 수 없는) 유니콘 같기도 하다. 그렇게 한 여자를 위해서 앞뒤 재지 않고, 우직하게 돌진하는 모습은 우리 모두가 사랑하고 싶은 이성의 모습이기도 하고, 또 우리가 되고 싶은 모습이기도 할 것이다. 그러나 순수 싱글인 그가 미혼모인 동백이를 사랑하는 것이 실제 내 가족의 일이라면 우선 말리고 싶은 것이 인지상정이듯이 그가 보여주는 사랑의 모습들이 사실 현실이라면 쉽지 않은 길이며, 실제 그 길을 끝까지 걷는 이들을 쉽게 찾아볼 수 없는 것이 당연하다.

개츠비를 보면서 나는 내 평생의 사랑을 반성했다. 선교사 양성 과정에서 삶에서 가장 중요한 일은 자신의 직업적 성취, 무언가를 이뤄내는 것이 아니라 하느님, 신께서 부르신 인간의 가장 큰 능력 '사랑'을 하는 것이라고 배웠다. 그것이 남녀 간의 사랑이든, 자녀에 대한 사랑이든, 벗과 동료에 대한 사랑이든 말이다. 우리가 처음 빚어진 순간의 이유가 사랑이었듯 우리의 삶의 과정도, 우리의 삶의 목적도 사랑이어야 함을. 개츠비는 사랑을 위한 과정에 대해서 인간이 지닌 부족한 면모들을 보였지만 내가 배웠던 삶의 목적에 비춰본다면 그에 충실한 사람이다. 나는 아마도 현실에는 존재하지 않을 '예수님' 같은 남자, 드라마 〈동백꽃 필 무렵〉의 '황용식' 같은 남자를 찾아 헤매며 트리플을 넘어선 무한대의 E 성향인 나와 잘 맞을지, 내 가치관이나 신앙을, 내 꿈을 받아들여 줄지를 이리 재고 저리 재며 다가오는 이를 쳐내고, 홀로 좋아하는 마음을 애써 감추다가 접는 모습의 사랑이었다. 이러한 나의 비루한 사랑에 부끄러움이 밀려들었다.

내가 지닌 직업적 소명을 통해서도 결국 세상을 사랑하기 위해 살아야 함을 배웠던 것을 기억하며 나는 앞으로 내가 살아가는 목적을 상기하며, 용식이든, 개츠비든 그 사람이 지닌 사랑의 능력을 사랑의 눈으로 봐줘야지. 그리고 나 역시 용식이가 될 수 없어도, 개츠비(법을 어기고 불륜을 하겠다는 것은 아니지만)처럼 사랑에 살고, 사랑에 죽는 사랑주의자가 되고 싶었던 열셋의 꿈을 이뤄내고 싶다.

곽아람 열세 살 때 사랑에 죽고 싶었어요?

배승연 조숙했던 것 같아요. 그러니까 그때 연애를 한 건 아닌데, 어릴 적부터 '나는 내가 결혼할 사람이랑 사귀어야지!' 이러느라 진짜 연애를 계속 못 했던 것 같아요. '사귀면 결혼해야지!' 해서 또 대학생 때도 개신교 오빠가 대시할 때도 '저 사람하고 나는 종교가 안 맞는데?' 이러면서 거절하고, 스물한 살에 진짜 바보 같이. 이제는 그 정도는 아닌데, 우선은 사귀어보고 나중에 차차 이러는데, 그때는 사랑의 목적이 너무 내가 최후에 만나서 결실을 볼 사람에 맞춰져 있던 것 같아요.

봄정환　진짜 멀리 보시고….

배승연　진짜 약간 그랬었고, 하느님이 기도를 잘 들어주셔서 진짜 결혼할 사람 아니고는 연애를 못 하게끔 이렇게 다 막으시나? 이런 생각을 했었어요.

곽아람　근데 어쨌든 제가 보기에는 우리가 읽었던 세 권의 책 중에서 이 책을 가장 마음에 들어하셨던 것 같아요. 《데미안》을 엄청 싫어하시고.

배승연　《데미안》은 정말 보고서를 쓰려고요! 《데미안》은 약간 다 반박하는 반박문을 쓰고 싶고, 제일 재밌는 건 사실 《금각사》였거든요? 그 사람은 제가 이해할 수 없는 경지의 약간 천재성을 가진 광기에 찬 사람이었다면, 이 작가는 제일 정상적이다! 보편적이다! 그런 생각이 드는 거죠.

곽아람　그러나 피츠제럴드는 정말 방탕하고 문제 있는 삶을 살아서 아내를 괴롭게 했죠.

배승연　약간 그런 거 아닐까요. 자기도 그렇게 살고 싶지 않아. 이상은 여기 있는데 자기가 꿈꾸는 삶을 살지 못하는 자신의 모습을 개츠비를 통해 드러낸 거죠.

박서희 저도 되게 재밌게 읽었고, 본인 사랑 얘기를 써주셨는데 뭔가 자기 패를 하나씩 까는 듯한 느낌이 들었어요. (웃음) 그래서 다음 편이 기대되는데, 오늘이 마지막이라 아쉽네요. 제가 MBTI가 극 T거든요. 그래서 뭔가 이렇게 사랑뿐만 아니라 어떤 감정, 감성으로 가득 찬 분이라는 게 매번 뵐 때마다 느껴져서 좋았어요.

배승연 되게 숨기려고 노력하는데 그게 안 숨겨지는 건지, 아니면 드러난 것도 빙산의 일각인데 이것도 사람들이 감당하기 어려운 건지 잘 모르겠어요. (웃음) 초반에 개츠비에 관해서 '경멸하는 모든 것을 대변하는 존재'라는 얘기가 나와요.

봄정환 닉이 한 말이죠.

배승연 네, 화자이기도 하고요. 화자의 말처럼 저도 초중반에 그려진 개츠비의 그 모습들은 저한테는 딱 이상형의 반대 선상에 있는 모습이었는데, 이 소설의 결말은 내가 가장 하고 싶은 내 삶의 목적을 이 사람이 살아내는 것이 보여서 저한테는 반성하게끔 이끌어주는? 그니까 왜 더 반성이 됐냐면, 진짜 대단한 사람이 아니라 진짜 별로라고 생각하고 내가 어찌 보면 좀 약간 하대하는, 그렇게 보면 안 되지만, 나보다 별로야 이렇게 생각하는 인간 유형의 사람이 이렇게까지 사랑할 수 있는 능력이 있다는 게 저는 많이 와닿았어요. 더 부끄럽고 그랬던 것 같아요.

박서희 그래서 그런지 좀 편하게 읽으시고, 편하게 쓰신 것 같아요.

배승연 앞에 두 소설은 너무 쓸 말이 많아서 정리가 안 됐어요. 약간 포기를 한 거였고, 애는 '에라 모르겠다' 하고 진짜 포기하고 써서 보여드리자! 부족하고 창피해도 보여드리자 이런 심정이었어요. 이 소설에서 저는 '재즈시대' 이런 거 아무것도 안 보이고, 정말 '사랑' 딱 하나만 보였거든요.

김보람 아까 제가 감성으로 충만하다고 해주셨는데, 승연 님은 신앙과 하느님으로 충만하신 것 같아요. 근데 늘 어느 선까지는 가고, 다시 한 발 빼는 게 있는 것 같아요. '사랑에 살고 사랑에 죽는 사랑주의자가 되겠다. 삶의 목적은 사랑이야. 결국 우리는 사랑하기 위해 태어났어. 사랑해야 해.' 하지만 《금각사》 때도 그랬는데 '그럼에도 불구하고 우리는 법을 어겨서는 안 되고 불륜해서는 안 돼!' 딱 끊어주는. 거기서 한 걸음 더 나아가지 않는. 그런 선을 긋는 포인트들이 있으신 것 같아요.

배승연 근데 그게 종교 때문은 아닌 것 같아요.

김보람 종교 때문이 아니에요?

배승연 인간의 품격이라고 생각을 해요. 인간이니까. 인간은 나약하기도 하지만 또 금수와 다른 그런 부분 때문에 사고하고, 생각하니까요.

청춘의 풍경과 개츠비

곽아람 다음에는 서희 님 들어볼까요.

위대한 개츠비와 나 (박서희)

때는 바야흐로 대학 입시를 앞둔 고3 시절이었다. 나는 한 치의 망설임 없이 원서의 지원 학과란에 공예과를 적었다. 고민은 필요하지 않았다. 그러나 그당시 내게 위대한 작가가 되자, 랄지, 역사에 이름 한 번 새겨보자 같은 큰 포부가 있던 것은 아니었다. 지금도 아니기는 마찬가지다. 사실, 계기는 짝사랑이었다. 그 대상은 미술학원 선생님이었던 M 선배였다. 도자 공예를 전공하고 있다는 그의 말에 나는 덥석 공예과에 지원했다. 무사히 합격하면 M의 후배가 될 수 있다…! 지난한 수험생활의 동기부여 요소로는 그만한 게 없었다. 시험이 가까워져 올수록

M이 집중 지도를 해주는 행복한 나날이 이어졌다. 수능과 실기 고사를 무사히 마치고 최종 면접만 남겨둔 어느 날이었다. M이 면접관으로 들어올 전공 교수님들 사진을 보여주며 설명해 주었다. 이 선생님은 이러이러하고, 저 선생님은 저러저러하고… 마지막으로 도예 전공의 가장 젊은 교수인 S에 대해서는, "아주아주 훌륭하신 분이지."라고만 표현했다. 그렇다. 이 글의 주인공은 M이 아니다.

면접 당일, 면접관은 총 세 명. 그중 S는 맨 왼쪽에 앉아있었다. 실제로 본 적 없던 S를 한눈에 알아볼 수 있었던 건 그가 미대 홈페이지에 게재된 프로필 사진처럼 이마에 안경을 걸치고 있었기 때문이었다. 그런데 안경 밑으로는 생각했던 모습과 영 딴판이었다. S는 언뜻 보아도 굉장히 왜소하고 마른 체구의 소유자였다. 마주 앉아 보니 나와 앉은키도 비슷했다. 참고로 나의 키는 옷발이 가장 잘 받는다는 여자 키 165cm에 가까운 162cm이다.

110분 남짓한 면접 시간 동안 외워간 답변을 랩하듯이 쏟아내느라 정신이 없던 내가 그에 대해 이러쿵저러쿵 생각할 여유가 있을 리 없었다. 저 사람이 말로만 듣던 S인가, 생각보다 되게 말랐구나! 부럽다… 따위의 생각을 하며 면접장을 나섰다. 그 해 다행히 나는 무사히 입시를 마치고 합격목걸이를 손에 거머쥘 수 있었다.

나는 큰 이변 없이 M을 따라 도예과에 가게 되었다. 내가 갓 전공 진입했던 2010년은 우리 과의 유례없는 호시절이었다. 그 중심에는 S가 있었다. 사람들은 S와 선배들을 'S사단'이라고 불렀다. 맹세컨대, 도예 전공은 파시스트 집단이 아닌데도 말이다. 우리는 한 달에 한 번, 어떤 달에는 2주에 한 번꼴로 손님맞이를 위한 파티를 준비했다. 실기실이 지금의 나보다도 어린 대학원 선배들의 작품을 구경하는 고객들로 북적거렸다. 그 광경을 바라보며 흐뭇하게 웃는 S는 마치 개츠비 같았다. 그는 자기를 둘러싼 손님들에게 끝도 없는 자기 자랑을 늘어놓았다. 자신의 작업이 얼마나 혁신적인지! 이제껏 쌓아 온 업적이 얼마나 대단한지! 아니 어쩜 저런 소릴 자기 입으로 하나 싶었으나, S는 알면 알수록 호용-하게 만드는 구석이 있는 사람이었다. 감동받은 표정으로 그를 바라보는 관객들에게 늘어놓는 이야기의 레퍼토리는 매번 달랐지만, 결말은 항상 같았다. 이제는 자기 학생들을 통해서만 인정받고 싶다는 말이었다. 그 모습이 어쩐지 재수 없지만, 굉장히 근사해 보였다. 그리고 내가 아는 누구보다도 커 보였다.

벚꽃이 만개한 화창한 봄날이었다. 나는 실기실 창가 자리에서 물레를 돌리고 있었다. 등 뒤에서 '이야~'하는 인기척과 함께 누군가 다가왔다. 목소리의 주인공은 S였다. "우리 천재 3학년! 이 아름다운 봄날에, 아름다운 청춘을 다 바쳐서 작업하고! 너 제정신이니?" S는 항상 제자들을 천재라고 불렀다. 덕분에 우리 과에는 천재들이 득실거렸다.

그의 화법에 어느 정도 익숙해졌던 나는 대꾸 없이 키득거렸다. 내 웃음에 아랑곳하지 않은 채 S가 옆자리에 걸터앉아 창문을 가리키며 말했다. "서희야, 느껴지지 않니? 네가 반드시 성공할 거라는 게. 이렇게 주말까지 학교 와서 작업을 하고, 앞으로 네 미래는 저 창밖의 날씨보다 더 아름다울 거야."실기실을 지나가는 선배들의 표정에 '아이고 선생님이 또 약을 파시는군'이라고 쓰여 있었지만, 그의 말에 홀랑 넘어간 나는 이듬해 대학원에 지원했고 그것도 모자라 전업 작가가 되었다. 선생님이 정말 약장수··· 아니, 이상주의자였는지 아니면 혜안을 지닌 예언가였는지는 굳이 밝히지 않겠다. 미술대학에서 그리 멀지 않은 곳에는 연못이 하나 있었는데, S는 학생들과 종종 그 연못까지 산책하곤 했다. 말이 산책이지 대개는 작업에 관한 면담 시간 비슷한 것이었다. 연못 앞의 벤치에 앉아 연못을 응시하며 작업 이야기를 하는 반짝이는 S의 눈은 나보다 더 학생처럼 보였다. 초록색 불빛을 바라보는 개츠비와 그런 개츠비를 바라보는 닉 캐러웨이. 나는 어쩌면 닉의 심정으로 잠자코 선생님을 바라보았다. 소년 같은 눈으로 선생님이 골똘히 바라보던 것은 무엇이었을까? 그걸 알랑 말랑 하는 사이 시간은 흘러 나는 어느덧 졸업해 학교를 떠났고 그 시절 함께 지내던 선배들보다 나이를 먹었다. 선배 중의 누군가는 신임 교수가 되어 S처럼 선생님 소리를 듣게 되었다. 처음 만났을 때 교수진 중 가장 막내였던 S는 이제 우리 전공의 가장 최고참 어르신이 되었다. 이따금 학교에 들러 S를 만나지만 예전처럼 자주 도란도란 이야기를 들으며 걸을 일은 잘 없게 되었다. 자연스레 내 시선은 S를 떠나 나만의 초록색 빛을 찾아 옮겨 갔다. 그렇다면 내가 쫓는 것은 무엇일까? 그것 또한 알 듯 말 듯 한 일이지만, 앞으로, 앞으로 나아가는 수밖에. 위대하진 못해도 썩 괜찮은 개츠비 정도는 될지도 모르는 일이다.

곽아람 굉장히 아름다운 이야기 잘 들었습니다. '초록색 빛'이라는 것에 대해 계속 이야기 해 볼 건데요. 본인이 바라보는 어떤 지고지순한 가치를 이야기하는 것이죠? 그것이 꼭 사랑만은 아니더라도, 여기에서는 어떤 예술가로서의 포부나 이데아랄까? 그리고 저는 S랑 사랑에 빠지는 이야기인 줄 알았어요. 서희 님이 굉장히 트릭을 많이 쓰신 게 처음에 M 이야기로 시작을 하잖아요. '아, M과의 사랑 이야기구나!' 하고 있는데 주인공이 M이 아니고, 갑자기 S가 등장합니다. 'S와 뜨거운 여름… 그래, 교수와 제자 사이 연애인가?' 했더니 그것도 아니네요.

S는 그냥 선생님이자 동경의 대상이었던 거죠. 닉이 개 츠비를 바라보는 마음과 서희 님 자신이 S를 동경하던 마음을 겹쳐보면서 나중에는 개츠비가 바라보던 초록 색 불빛을 좇는 것이 아니라 나만의 초록색 불빛을 좇아 가는 이야기로 확장됩니다. 자신의 체험을 《위대한 개 츠비》와 굉장히 잘 연결해서 '이렇게도 쓸 수 있구나' 하 는 느낌이 들었던 글이었습니다.

<u>배승연</u> 저도요. 처음에 읽었을 때 연애 얘기인 줄 알고 제일 좋아했거든요. 아까 말씀하시는 대로 '남의 연애 얘기가 제일 재밌어!' 이러면서 읽었는데, 마무리에서 실망했어요. '아, 연애 얘기 아니네!' 하면서. 서희 님이 써주시는 글은 항상 현장감 있고, 정말 수필답다는 생각 이 들었어요. 소설을 쓰셔도 재밌겠다는 생각도 좀 들었 고, 그리고 좀 궁금한 게 그래서 현재 M과 S와의 관계 는 어떻게 진행됐는지 궁금했어요!

<u>주영실</u> M은 남자 아니에요?

<u>박서희</u> 둘 다 남자인데 순정에 관한 이야기지만 그 대상 이 이성적인 사람이 될 필요는 없다고 생각했었거든요. S가 지도교수님인데 제가 개인적으로 되게 존경하고 잘 따르는 선생님이에요. 진짜 제 주변에 누군가를 위대한 사람이 있냐고 하면 '아무래도 선생님이지?' 할 정도. 영

향도 많이 받고, 뭔가 제 작업 인생 전반에서 약간 상징적인 인물이라서, 이 책이 목록에 있을 때 '이 책 읽으면 선생님에 대해 써야겠다' 이 생각을 제일 처음 했었던 것 같아요. 결론적으로 M 선배들 진짜 열심히 쫓아다녔었는데 다른 선배랑 CC하다 결혼을 했어요.

<u>배승연</u> 결말이 마음에 안 드네!

<u>주영실</u> 괜찮아, 괜찮아.

<u>박서희</u> 그래도 두 분 다 지금의 저를 있게 해준 사람들이에요. M 선배가 어쨌든 이 길로 진입할 수 있게 길도 터줬고 그래서 관계는 나쁘지 않아요. 잘 지내거든요. 어색하지 않게. (웃음)

<u>봄정환</u> 서희 님 글에서는 항상 생활형 수기 같은 느낌이 있어요. 예체능 쪽에 계시는 분들일수록 조금 뜬구름 잡는 게 있는데 글이 늘 땅에 발을 대고 있는 느낌이라 좋았습니다. 글 속에 등장하는 S의 "네 미래는 저 창밖의 날씨보다 더 아름다울 거야"에서는 뭔가 전형적인 화술 같아서 웃었습니다. 재미나게 읽었어요. (웃음)

<u>곽아람</u> 약간 봄날의 캠퍼스가 떠오르는 그런 글이었어요. '다시 대학생 되고 싶다' 이런 마인드? 영실 님은 어

떠셨나요?

주영실 서희 님 글을 읽을 때마다 느끼는 건, 수필집을 쓰시면 참 재밌을 것 같아요. 보면 글이 항상 재밌어요. 그런데 절제하는 게 굉장히 느껴졌어요. 그러니까 S 선생님이나 M에 대한 개인적인 감정 같은 거. 개인적으로나 직업적으로나 우리는 이런 과정을 통해서 많이 성장하는 것 같아요. 제가 옛날에 무슨 새로운 일을 시작하고 그럴 때가 있었는데 제 친구가 그런 말을 하더라고요. 거기에 나보다 나이 많은 남자분들 중에 누구 좀 괜찮은 사람이 있느냐, 어떻더냐, 그래서 얘기를 했더니 '누구 좋아할 만한 사람이 있어야지 네가 잘할 텐데' (웃음) 그런 얘기를 들었거든요. 젊은 시절에. 그래서 아마 그런 것도 좀 있지 않아요?

박서희 그렇죠. M 오빠 왔다 갔다 하면 괜히….

주영실 그렇지. 아니 그냥 거기 앉아서 이거 뭐라 그러죠? 돌아가는 거?

박서희 물레요.

주영실 물레, 맞아요.

박서희 　괜히 가서 좀 가마를 본다든지.

배승연 　같이 돌려야지, 혼자 돌리면 뭐 해.

주영실 　그래서 개츠비가 이렇게 큰돈을 벌어서 성공했듯이, 박 작가님도 그렇게 계속 발전시켜 보시는 것도 괜찮을 것 같아요.

김보람 　진짜 늘 재밌게 읽었지만, 저는 오늘 글이 제일 감동이고 재밌었어요. 진짜 이렇게 연결해서 할 수 있구나. 글인데 뭔가 그림이 그려지고 영상이 떠오르게 하는 글을 이렇게 또 쓰실 수 있구나. 어쨌든 오늘 마지막 모임인데 처음으로 서희 님이 왜 도예 작가의 길로 입문했는지를 오늘 알게 되어서 뜻깊었습니다. 근데 '위대하지는 못해도 썩 괜찮은 개츠비 정도는 될지도 모르는 일이다'는 본인이 본인을 그렇게 생각하시는 건가요?

박서희 　네. (웃음) 아, 근데 지금의 제가 썩 괜찮다는 의미는 또 아니고요.

김태호 　저도 재밌게 읽었는데, 사실 S 교수님 에피소드를 보면서 처음에는 이 교수님 약간 오글거릴 것 같다고 생각했어요. 근데 한 두세 번 곱씹어 보니까 이 교수님이 실제로 학생분들한테 인기가 많을 것 같더라고요. 실제로 인기가 많나요?

박서희 어, 네, 그렇죠.

김태호 그래서 왜 인기가 좋을지 생각해보면, 오정세라
는 배우가 있잖아요. 한 3~4년 전인가에 인터넷에서 유
행했던 밈이 있는데 그게 막 자기 회사 선배 중에 오정
세 같은 캐릭터가 있으면 자기가 좋아할 것 같다는 내용
의 밈이었어요. 왜냐하면, 오정세가 이렇게 친근하게 장
난치고 농담 이렇게 하고 그러면 처음에는 '뭐야?' 이러
다가 사랑에 빠지는 그런 밈이 있었는데, 생각해보니까
좀 느끼하고 오글거릴 수도 있지만, 정말 솔직하면서도
이렇게 부담 없이 농담을 건넬 수 있는 교수님이라면 오
정세처럼 충분히 인기가 있을 수 있겠다는 생각을 했습
니다. (웃음)

배승연 개츠비는 없어 결국.

곽아람 그렇네요. 결국 개츠비는 없네요. 태호 님 글 읽
어볼까요? 《데미안》과 《금각사》 때는 정석처럼 써 오셨
는데 이번엔 굉장히 파격적인 글을 써 오셔서 놀랐어요.

  개츠비와 나 (김태호)
  "중서부 지방은 이제 우주의 남루한 변두리같이 보

190

였다. 그래서 나는 동부로 가서 증권업을 배우기로 결심했다.

지금 생각해보면 이 이야기도 결국은 서부의 이야기인 것을 안다. 톰과 개츠비, 데이지와 조던과 나는 모두 서부 사람들이었고, 아마도 우리는 동부 생활에 적합하지 않은 어떤 공통된 결함을 가지고 있었는지도 모른다."*

《위대한 개츠비》는 이렇게 포개진다. 서부 청년 닉 캐러웨이는 번듯한 직업을 갖겠다는 야망을 품고 미주 대륙을 횡단해 뉴욕으로 넘어온다. 중심지를 향한 인력(引力)을 느끼며 동부 세계에 발을 내딛지만 차마 그곳에 몸과 마음을 기대진 못한다. 상류층 인사들과 애매하게 맺은 친분에 휩쓸려 겉돌 뿐이다. 동부 세계가 머금은 환락의 환영도 점차 시들어간다. 그러다 제이 개츠비가 죽는 순간, 환락은 환멸로 변모해 닉을 엄습한다. 그렇게 닉의 뉴욕 로맨스는 초라하게 막을 내린다.

성인이 되기 전까지 서울에 막연한 낭만이 있었다. 강원도에서 태어나 경기도에서 자란 나는 대한민국의 정치·경제·사회·문화 중심지라고 시끄럽게 떠들어대는 그곳의 일원이 되고 싶었다. 그러나 서울의 모 대학에 입학해 수년 동안 생존형 자취를 겪

* 프랜시스 스콧 피츠제럴드, 위대한 개츠비, 김영하 옮김, 문학동네, 2009, 13p

은 후 깨달았다. 서울이 중심지는 맞으나 결코 친절한 곳은 아님을.

전역 후 연극판에서 아르바이트해 생활비를 때웠다. 근로소득으로 모든 삶을 지탱하려니 자연스레 인생의 척도는 시급이 됐다. 한 달 교통비는 몇 시간 표팔이요, 한 달 식비는 또 몇 시간 치 초대권 포장일지니… 일할 때의 삶은 그나마 양반이었다. 약 1년간 돈벌이 없이 취업을 준비하던 시절엔 한 푼을 아끼기 위해 주린 배를 쥐고 잠을 청했다. 그러다 모든 걸 돈으로 재고 따지는 서울살이에 질리기 시작했다. 해가 짧아지고 빌딩풍이 거세지는 겨울이 오면 울적함은 배가 됐다. 그럴수록 주변에 도움을 요청하기보다는 애써 내면의 균열을 외면하며 사람을 피하곤 했다.

운 좋게 회사 생활을 시작해 공사다망해졌으나 만사가 오케이는 아니었다. 직장인은 으레 주 5일, 9 to 6의 삶을 사는 줄 알았다. 그러나 초년병 기자의 하루는 일과 삶 사이 균형이 한참 녹아내리기에 십상이다. 성과를 내지 못하고 방황하다 보면 어느새 하루가 끝났다. 반면 스스로 돌볼 시간은 부족했다. 일하는 방식도 좀처럼 손에 익지 않았다. 일주일·하루 단위로 계획 세우길 선호하는 성격이지만 사회부 막내 생활은 '총 맞은 것처럼' 급작스러운 사건·사고의 연속이다. 공들여 취재하다 다른 회사에 선수를 빼앗겨 물 먹는 일도 있었다. 지난해 추석 연휴가 끝날쯤, 심연의 한 축이 내려앉았다. 엷은 무력감이 몇 년 동안 쌓이다 마음을 무너뜨린 것이다. 어쩌면 나는 서울 생활에 적합하지 않은 사람일지 생각도 했다. 서울의 환상은 백일몽처럼 흩어졌다.

한 가지 재밌는 사실은, 마음에 가시가 돋칠 때 나를 위로해 준 것도 서울이었다. 하루 아르바이트를 마치고 고독함 속에서 퇴근했을 때, 첫 최종 취업 탈락의 고배를 마셨을 때, 취재가 안 돼 하루를 망쳤을 때, 무작정 서울의 거리를 걸었다. 서울시교육청에서 잠시 아르바이트했는데 평일 6시 양복쟁이들 사이에 끼여 집에 가기 싫었는지라 서대문에서 을지로까지 무작정 걷고는 했다. 광화문의 걸음은 항상 소음과 함께였고 을지로 부근의 걸음걸이에는 조미료 냄새가 배었다. 연말 비 내리는 강남 거리를 걸을 때면 우산이 부딪치는 진동을 느꼈다. 중계동 공원에서는 걷다가 이따금 아이들의 공을 도로 차주고는 했다. 여름의 경희궁 길은 깍지 낀 손에 맺힌 땀과 에어컨 바람에 그것이 마르며 생기는 찰나의 상쾌함으로 기억된다. 서울은 동마다, 구마다 배경이 이채롭다. 그 도시를 수 시간 걷다 보면 절로 마음이 다스려졌다.

행여 달갑지 않은 애상이 나를 적실라치면 플레이스테이션 게임과 글쓰기와 술 따위로 방수포를 구축한다. 아직은 튼튼해 보인다. 연말정산에 일희 한번, 카드 한도 초과에 일비 한번. 예기치 못한 마주침에 다시 일희 한번, 바보 같은 놓침에 다시 일비 한번. 소고기 한 점에 일희 한번, 맛없는 아메리카노에 일비 한번. 셀 수도 없을 만큼 반복해 널뛰는 감정의 고저와 조우한다. 전과 다른 점이 있다면, 빌딩 풍이 거세게 불더라도 이제는 얄쌍한 갈대풀마냥 몸을 맡기는 법을 터득했다. 어쩌면 나이가 듦과 동시에 정착하고 있다는 증거일지도 모르겠다. 닉이 동부를 떠난 건 시간이 지나도 그의 마음이 뿌리를 내리지 못한 탓이라 생각한다.

그래도 사람 앞날은 모르는 거라고, 언젠가 다시금 임계점을 넘어 내면의 축이 붕괴할 날을 상상해본다. 그날이 오면 게임을 사고, 비싼 술을 마시러 밤길을 걷고, 작은 영화관에서 영화를 볼 듯싶다. 그리고 나중에는 주시했던 기억을 글로 옮기고 싶다.

곽아람 특이하게 소설의 배경에 집중하셨어요. 동부와 서부라는 배경에 관해서 얘기하고 있고 떠나는 사람으로서 자기의 자아를 여기 대입시킵니다. 톰, 개츠비, 닉 등 중서부를 떠나서 문화의 중심지인 동부로 온 사람들의 어떤 심리를 본인의 서울 생활에 빗대 굉장히 잘 애기하고 있잖아요. 물론 닉은 그렇게 가난한 사람이 아니었지만요. 물론 개츠비보다 작은 집에 살지만, 닉도 굉장히 중서부의 명망 있는 자제였고 대학교부터 동부에 있는 예일대를 나왔잖아요? 그렇지만 어쨌든 저는 굉장히 흥미로웠어요. 그래서 '이걸 자기만의 주제로 이렇게 읽어내는구나' 싶어 흥미로웠고, 연극판에서 아르바이트를 하셨다 그래서 연기를 하셨나 했더니 티켓을 팔고 계셨던⋯ (웃음) 그랬습니다.

배승연　저는 세 편의 글 중에 이 글이 제일 좋았고요. 이유는 태호 님이 제일 잘 보였던 것 같아요. 서희 님 글처럼 이 글도 개츠비 생각은 안 났거든요. 저는 개츠비에 대한 생각은 할 수 없고 태호 님의 글을 보면 그때 말씀드렸던 것처럼 되게 선비와 소년의 양극을 왔다 갔다 하시는 분처럼 글이 참 아름답다는 생각이 들었고, 이 글을 보면서 소설이 아니라 이 사람이 쓰는 수필이 궁금하다는 생각을 했어요. 과연 어떤 글을 쓸 것인가, 이 사람이 어떤 사람인지 궁금하다는 생각이 들어서 저는 오늘 글이 가장 좋았어요. 글에 반한다는 생각도 했고요. 나중에 책을 내시면 꼭 첫 번째 독자가 되고 싶다. 이런 생각이 들면서 되게 글이 좋았어요.

박서희　저도 되게 좋았고 약간 그전에 읽어주셨던 두 편에 이어서 순차적으로 글에서 다양한 태호 님의 면모를 본 것 같아요. 첫 번째 《데미안》 때는 약간 풋풋했던 학생 때 추억을 들려주셨고, 두 번째는 직장 초년생으로서의 부품 가슴을 안고 잠에 드는 그런 얘기도 되게 좋았는데, 이건 이제 서울 살이의 고단함. 근데 전반적으로 그냥 세 편 내내 관통하면서 보이는 게 이 시대 청춘에 대한 감상 같은, 뭔가 이제 막 힘들고 울적했던 일들도 있지만, '이것이 청춘!' 전반적으로 그런 느낌이 되게 많이 들었어요. 청춘물 에피소드처럼요.

곽아람　경희궁 길엔 왜 깍지 낀 손이 있었을까?

배승연　거기 너무 예쁘거든요.

곽아람　아니, 누구와 깍지를 꼈을 것인가.

박서희　자기 손깍지 낀 거 아니지 않나요?

주영실　다른 사람 손깍지 낀 거였어요?

김태호　네. 다른 사람 손에 깍지 꼈습니다.

곽아람　그러니까 그런 것 같아요. 자기의 내밀한 얘기를 쓰기가 쉽지 않은데, 서희 님과 태호 님은 그런 얘기를 잘 쓰시는 분인 것 같아요. 자기 얘기를 남들한테 하는 거를 별로 두려워하지 않는? 방어벽 없이 그냥 얘기를 잘 하시는 분들인 것 같아요.

<u>봉정환</u> 무엇보다 좋았던 건 닉에다가 감정이입을 하신 게 인상적이었어요. 동부 사람이 아닌데 중서부 외지에서 와서, 변방의 사람이 센터로 들어가고자 하는 느낌이 닉에게 있으니까요. 저는 《위대한 개츠비》가 작품으로서 위대한 이유 중 하나가 개츠비나 데이지가 아니라 닉의 관점으로 쓰였기 때문이라고 생각해요. 이게 만약 개츠비나 데이지의 1인칭이었다면 그냥 흔하디 흔한 통속적인 로맨스 소설로 끝났을 것 같거든요. 전체 구성을 보더라도 총 9장 중, 개츠비가 그 사달이 난 이후에 죽고 난 이후에도 닉의 회상이나 독백이 2장의 챕터로 꽤 분량을 차지한단 말이죠. 닉의 시선에서 소설이 마무리되고요. 태호 님께서 닉에다 맞춰 보신 것 같아 반가웠고, 그래서 물어보려 적어왔어요. 개츠비에 대한 닉의 태도가 어떻게 느껴지셨어요? 소설 초반에 언급되지만은 경멸하면서도 위대하게 생각하는, 약간 양가의 감정이 배어 있는것 같은데, 태호 님이 보시기에 닉은 개츠비를 어떤 감정으로 보고 있는 것 같으세요?

<u>김태호</u> 닉이 개츠비를 대하는 태도요? 솔직히 크게 생각을 해본 적은 없는데 호기심 반, 의존 반이라고 생각했어요. 그러니까 호기심 반은 '저 양반은 뭐 하는데 매주 저렇게 파티를 열고 저럴까? 근데 왜 파티에 모습을 보이지 않을까?' 약간 그런 거에 대한 호기심이 생길 수 있잖아요. 그다음에 그게 처음이었다면 의존 반은 나중

에 갈수록 진짜 내가 이주를 해왔는데 그 낯선 뉴욕에 내가 마음을 둘 친구가 될 수 있겠다고, 개츠비 생각을 또 들어봐야 하긴 하겠지만, 닉은 그렇게 생각을 했었던 것 같아요.

박서희　저도 닉 얘기해 주신 게 되게 재미있었던 게, 이제 주인공이 개츠비긴 하지만 주인공 히어로로 옆에 약간 사이드킥처럼 그런 캐릭터들 있잖아요? 홈즈 옆에 왓슨이라든지 약간 그런 캐릭터인데, 사실 닉이 자기 얘기를 꽤 많이 했잖아요. '자기 어디서 태어났고' 주절주절 많이 했는데, 대부분 주된 대화는 다 개츠비에 관해서 이루어지죠…. 근데 닉도 보면 나름 에피소드도 있고, 조던이랑 로맨스도 있었다가 깨지고 그러잖아요. 그래서 닉의 관점으로 써주신 게 저는 되게 신선하고 재밌었어요.

주영실　우선 태호님, 이번에는 굉장히 솔직한 자기 얘기를 써주셨는데, 저는 되게 용감한 행동인 것 같다는 생각이 들어요. 그리고 사실 닉이 이 소설에서 굉장히 많은 보편적 가치를 얘기하고 있는데, 우리 대화에선 특정 키워드에 포커스를 맞춰서 대화를 하고 있잖아요. 그래서 닉에 대해서 포커스를 맞춘 태호 님의 글이 오히려 이 소설을 더 빛나게 해주는 글 같아요. 소설에서 교통사고 때문에 머틀이 죽고 그거를 개츠비가 알게 되어 괴로워할 때 닉이 개츠비한테 이렇게 얘기하잖아요. "그 인간들은 썩어빠진 무리예요. 당신 한 사람이 그 빌어먹을 인간들을 모두 합쳐 놓은 것만큼이나 훌륭합니다."*
이렇게 이야기하는 얘기를 보면 제 생각에는 오로지 닉만이 이 개츠비의 그 놀라운 점, 개츠비를 애써 이렇게 설명해 주고 있는 사람인 것 같은 생각이 들어요. 개츠비를 그냥 겉으로 보이는 것으로만 판단하지 말라고 하는 것 같이 저는 보이더라고요.

곽아람 그리고 또 소설 안에서 닉이 되게 젊잖아요. 이제 서른인가? 책에 서른에 대한 문장이 있잖아요. '서른은 점점 머리숱이 적어지는 나이'인가? 어쨌든 그런 어떤 젊음 때문에 그거를 캐치할 수 있는 아직도 그런 마음이 남아 있던 게 아닌가 생각이 들더라고요.

김보람 저도 너무 재밌게 읽었고 일상의 순간순간을 굉장히 섬세하고 디테일하게 딱 그때의 감정과 풍경과 인상으로 포착하는 능력이 엄청나신 것 같아요. 감동하며 읽었어요.

우리의 마지막이 개츠비처럼 아름답기를

곽아람 슬슬 마무리할까요? 이 책을 읽고 자기 마음속

---

* 프랜시스 스콧 피츠제럴드, 위대한 개츠비, 김욱동 옮김, 민음사, 2009, 217p

에 가장 남았던 구절과 이유를 얘기해주시면서 끝내는
게 좋을 것 같아요.

<u>김태호</u> 여기 문구를 두 개 써놨는데 그 두 번째 문구 "지
금까지 한 얘기도 결국은 서부에 대한 이야기였다." 이
게 닉이 떠나기 직전에 했던 독백이에요. 톰과 개츠비,
데이지와 조던 모두 결국 닉에게는 서부의 이야기인 거
죠. 어디 한 군데에 정착 못하고 떠나가는 사람의 마음
이 되게 절실하게 담겨 있어서 공감이 많이 됐어요. 제
가 평택 출신인데, 부모님은 지금도 평택에 계시고, 평
택 친구들도 많거든요. '서울을 떠나고 싶다. 돌아가고
싶다.' 그런 생각을 할 때가 있는데, 저 문장이 그런 착잡
한 마음을 잘 표현하고 있다고 생각해서 이 문구를 좋아
합니다.

<u>봄정환</u> 저는 한 문장 짧게, "방은 컸지만 숨이 막힐 것 같
았다."* 이번에 다시 읽으면서 보니까 여기에 동그라미
랑 메모가 있더라고요. '소설 전체를 관통하는 문장'이라
고. 판권란 보니 초판 3쇄 2010년 5월. 그니까 10년이 훌
쩍 지났음에도 여전히 저는 이 구절이 《위대한 개츠비》
를 요약한다는 생각이고, 이 문장이야말로 오늘 모임장
님이 얘기하신 풍요와 타락이 공존하는 미국의 재즈 시

---

*   프랜시스 스콧 피츠제럴드, 위대한 개츠비, 김영하 옮김, 문학동
     네, 2009, 158p

대를 가장 잘 보여주는 게 아닌가 싶습니다.

주영실 저는 초반에 나왔던 "은빛 후춧가루를 뿌려 놓은 듯한 별들"*이란 표현이 가장 기억에 남아요.

곽아람 그 표현 너무 예쁘죠?

주영실 그러니까 이 앞에서는 이게 사실적인 표현들만 나오다가 갑자기 이런 게 나오니까 '어머…!' 그래서 이게 굉장히 처음부터 강렬했었어요.

곽아람 감각적인 표현이죠. 저는 《위대한 개츠비》에서 이런 감각적인 아름다움이 좋더라고요. 방금 말씀하셨던 문구 외에도 '소리굽쇠' 같은 단어처럼 청각적 심상을 불러일으키는 단어. 그런 것들을 보면 이 작가는 참 세련된 문체를 구사하는구나. 하루키가 왜 피츠제럴드를 좋아하는지 짐작할 만 하죠. 《상실의 시대》에 보면 《위대한 개츠비》에 대한 이야기가 많이 나오는데 하루키가 왜 그런 이야기를 하는지 알겠더라고요.

배승연 "개츠비는 내가 대놓고 경멸하는 모든 것을 대변하는 존재였다." 문장이 마음에 드는 건 아닌데, 글에 쓴

* 　프랜시스 스콧 피츠제럴드, 위대한 개츠비, 김욱동 옮김, 민음사, 2010, 42p

것처럼 그 문장이 저를 많이 성찰하게 했던 것 같아요. 제가 올해부터는 국어 교사가 아니라 이제 상담 교사인데 대부분 상담실에 오는 아이들이 급식실에서 떼굴떼굴 구르고 소리 지르고 이런 아이들이 온단 말이에요. 그리고 우리가 뉴스를 보면서 "저 사람은 진짜 죽어야 해."라고 하는 그런 범죄자들조차도 그 사람이 그럴 수밖에 없었던 이 스토리나 그 사람의 사연이나 이유가 있을 것이다. 누군가 밉고 삶의 허무감과 인류애가 줄어들 때 이 문장을 떠올려야겠다는 생각을 좀 했어요. 인간은 누구나 연약하지만 동시에 이 사람도 무언가 위대한 것을 할 수 있는 잠재력을 지녔다는 걸 기억하면서 분노를 잠재워야겠다고 생각했습니다.

곽아람　저는 확실히 마지막 부분이 제일 기억에 남았던 것 같아요. "우리는 내일 좀 더 빨리 달릴 것이고, 좀 더 멀리 팔을 뻗칠 것이다. 어떤 맑게 갠 아침에는 그리하여 우리는 조류를 거스르는 배처럼 끊임없이 과거로 떠밀려가면서도 앞으로 앞으로 계속 전진하는 것이다"* 이 마지막 두 문장이 굉장히 유명한 문장이죠. '그리하여 우리는 조류를 거스르는 배처럼 끊임없이 과거로 떠밀려가면서도 앞으로 앞으로 계속 전진하는 것이다' 이 문장이 당시 미국의 경제적인 몰락, 그렇지만 과거의 영

* 프랜시스 스콧 피츠제럴드, 위대한 개츠비, 김욱동 옮김, 민음사, 2010, 253-254p

광을 떠올리며 희망을 잃지 않는 그런 태도들을 개츠비의 자세와 잘 결합시켰다고 생각합니다. 저는 다른 것보다 초록색 불빛을 향해, 그 어두컴컴한 밤에 손을 내민다는 이미지, 그런 마음이라는 건 어떤 것일까? 궁금하더라고요. 누구나 자기 마음의 초록색 불빛 같은 지점이 있을 거 아니에요. 그런데 그걸 찾기 위해 개츠비처럼 여기까지 오는 사람과 그렇게 하지 않는 사람들의 태도 간에 차이가 있지 않을까 싶습니다. 그런 면에서 저는 이 작품이 굉장히 아름답다는 생각이 들어요. 소설에서 개츠비가 호주머니 속에 손을 넣고 계속 데이지의 집을 바라보는 장면이 나오잖아요. 저는 그 장면이 너무 궁금해서 그 동네를 실제로 가봤어요. '개츠비가 걷던 곳이 어디쯤일까?' '어디쯤에서 데이지의 집이 보이는 걸까?' 하면서요. 물론 다 사유지라 들어가기 쉽지 않았고, 개츠비가 보던 풍경과는 많이 달랐겠지만요.

오늘이 마지막 시간이네요. 세 번의 모임 성실하게 또 열심히 읽고 참여해 주셔서 감사하고, 사실 모임장으로서 처음에 부담감이 컸는데, 갈수록 너무 재밌었어요. 다들 자기 얘기들을 너무 잘해 주셔서 재밌었고, 매주 토요일 아침에 어쩌면 이렇게 성실하게 참여하고, 자기 얘기를 잘하실까 감탄하면서 들었던 것 같습니다. 저도 제가 혼자 책을 읽었을 때보다는 작품의 의미들을 다시 생각해보게 됐어요. '이렇게 생각할 수도 있구나' 이런 걸 많이 느끼는 시간이었습니다. 감사합니다.

어른의 공부

다 큰 어른을 위한 고전 읽기

초판 1쇄   2024년 1월 30일 발행

지은이   곽아람, 김보람, 김태호, 박서희, 배승현, 봄정환, 주영실

기획편집   맹준혁
디자인   조주희
마케팅   최재희, 신재철, 김예리
인쇄   한영문화사

펴낸이   김현종
펴낸곳   (주)메디치미디어
경영지원   이민주, 김도원
등록일   2008년 8월 20일 제300-2008-76호
주소   서울특별시 중구 중림로7길 4, 3층
전화/팩스   02-735-3308 / 02-735-3309
이메일   medici@medicimedia.co.kr
페이스북   medicimedia
인스타그램   medicimedia
홈페이지   medicimedia.co.kr

ISBN 979-11-5706-336-9 (03190)
        979-11-5706-335-2 (세트)

중림서재는 독서와 문화에 관해 더 나은 대안을 제시하는
메디치미디어의 브랜드입니다.